Michele Colombo

Michael Colombo's Mikroskopische Beobachtungen über verschiedene Arten

von Polypen des süssen Wassers und über die Rädertiere

Michele Colombo

Michael Colombo's Mikroskopische Beobachtungen über verschiedene Arten
von Polypen des süssen Wassers und über die Rädertiere

ISBN/EAN: 9783743342286

Hergestellt in Europa, USA, Kanada, Australien, Japan

Cover: Foto ©ninafisch / pixelio.de

Manufactured and distributed by brebook publishing software (www.brebook.com)

Michele Colombo

Michael Colombo's Mikroskopische Beobachtungen über

verschiedene Arten

Michael Colombo's
mikroskopische
Beobachtungen
über
verschiedene Arten
von
Polypen des süsen Wassers
und über
die Räderthiere.

In einem Briefe
an
D. Johann Nardi,
Arzt zu Vazzola.

Aus dem Italienischen.
Mit einer Kupfertafel.

Leipzig, 1793.
In der Müllerischen Buchhandlung.

Vorrede
des
Ueberſetzers.

Dieſe kleine Schrift *) des Herrn Colombo, eines mit Recht geſchätzten Naturforſchers, verdiente

*) Oſſervazioni microſcopiche intorno a varie ſpezie di polipi di acqua dolce, ed intorno ai rotiferi, dirette dal Sig. Michele Colombo al Sig. D. Gio. Nardi Medico alla Vazzola.

Vorrede.

dem deutſchen Publikum in einer Ueberſetzung vorgelegt zu werden. Sie iſt in einer italieniſchen Zeitſchrift enthalten, die wohl nur wenigen deutſchen Gelehrten zu Geſicht kommen dürfte *). Des Verfaſſers Bemerkungen über die Polypen, dieſe ſo merkwürdige Thiergattung, tragen unverkennbare Spuren eines aufmerkſamen und geübten Beobachtungsgeiſtes an ſich. Sind ſie auch nicht alle neu, und zum Theil nur neue Beſtätigungen ſchon bekannter Thatſachen, ſo verdienen ſie doch darum nicht weniger den Dank der

Na-

---

*) Sie findet ſich im Giornale per ſervire alla ſtoria ragionata della medicina di queſto ſecolo. Tomo IV. Venezia, 1787. pagg. 1. ſſ. 41. ſſ. 81. ſſ. 125. ſſ. 165. ſſ.

Naturforscher. Bey mikroskopischen Gegenständen, wo auch der scharfsichtigste und geduldigste Beobachter so leicht getäuscht werden kann, können die Beobachtungen nicht genug wiederholt und vervielfältigt werden.

Unter den Bemerkungen, welche Herr COLOMBO beyläufig einstreut, sind vorzüglich seine Gedanken über die Mittelglieder der Naturkette zwischen dem Thier- und Pflanzenreiche und über den Uebergang aus dem einen Reiche ins andere der Aufmerksamkeit der Naturforscher würdig. Die Erinnerungen, welche er gegen DAUBENTON's Methode, diese Mittelglieder ausfindig zu machen, beybringt, sind
ge-

Vorrede.

gegründet, und der Weg, welchen er dafür einschlägt, scheint einzig und allein zum Ziele zu führen.

Es ist zu wünschen, dafs der Verfasser und sein Freund, NARDI, von dessen Scharfsichtigkeit er sich so viel verspricht, Lust und Musse haben mögen, den Wundern der mikroskopischen Schöpfung, wo gewiss das meiste zu entdecken noch übrig ist, ferner nachzuspüren.

Mikroſkopiſche
Beobachtungen
über
verſchiedene Arten
von
Polypen des ſüſsen Waſſers
und über
die Räderthiere.

Mikroſkopiſche
Beobachtungen
über

verſchiedene Arten

von

Polypen des ſüſsen Waſſers

und über

die Räderthiere.

Theureſter Freund!

Endlich gebe ich Ihnen von den Beobachtungen Nachricht, welche ich, wie Sie wiſſen, über einige von den vielen Thierarten, die ſich zwiſchen den Wurzeln der Meerlinſen aufzuhalten pflegen, angeſtellt habe. Ich habe mich hauptſächlich mit der Unterſuchung der baumförmigen Thierchen *) beſchäftigt, die ſchon von SPALLAN-

---

*) Alberetti animali.

LANZANI beschrieben worden sind *). Durch die Beschreibung, welche uns dieser Naturforscher davon gibt, war ich eigentlich bewogen worden, die Wurzeln der Meerlinsen zu untersuchen, um mich an dem angenehmen Schauspiele, welches diese sonderbaren Thierchen darstellen, gleichfalls zu vergnügen.

Weil sich in der Meerlinse, welche SPALLANZANI untersuchte, nur sehr wenig solche Thierchen fanden, war es ihm unmöglich, seine Beobachtungen darüber so oft zu wiederhohlen, als er wahrscheinlich gethan haben würde, wenn ihm deren mehr zu Theil geworden wären. Man darf sich daher nicht wundern, daß ihm einige Eigenheiten dieser Thierchen unbekannt geblieben sind, die seinem Scharfsinne gewiß nicht entwischt seyn würden, wenn er mehr Gelegenheit, sie zu beobachten, gehabt hätte. Anfangs glaubte ich auch nicht mehr bemerken zu können, als ein so vortreflicher Beobachter zu sehen im Stande gewesen war; allein die grosse Menge dieser Thierchen, welche ich in einigen Wassergräben unserer Ge-

---

*) Man sehe sein vortrefliches Werk: Opuscoli di Fisica animale e vegetabile.

Gegend zu finden das Glück hatte, machte es mir möglich, meine Beobachtungen nach Gefallen zu wiederhohlen und abzuändern, so dafs ich zuletzt eines und das andere entdeckte, was mir neu und von andern Naturforschern noch nicht beobachtet zu seyn schien.

Ohne mich darum zu bekümmern, was man von diesen Thierchen bisher gewufst oder nicht gewufst hat, will ich sie Ihnen beschreiben, so wie ich sie beobachtet habe. Die Wiederhohlung schon bekannter Sachen ist nicht immer unnütz, wenn nur das, was erzählt wird, sich auf eigne Beobachtungen gründet. Stimmen mehrere Beobachter in ihren Beobachtungen überein, so können wir uns von der Wahrheit derselben desto mehr überzeugen.

Die Räderthiere mit Futteralen †) ausgenommen, von welchen ich Ihnen eines und das andere werde mittheilen können, erwarten Sie von mir ja keine weitläuftige Beschreibung dieser Geschöpfe. Da ich sie nur gelegentlich beobachtet habe, so weifs ich von ihnen wenig mehr, als dafs sie existiren. Was die besondern Umstände ihrer Oeko-

†) Rotiferi ad astuccio.

Oekonomie betrifft, so hoffe ich von Ihnen in der Zukunft darüber belehrt zu werden, Sie besitzen ein trefliches Mikroskop; Sie können mit diesem Instrumente wichtige Entdeckungen machen, und der Naturgeschichte keine geringen Dienste leisten.

I.

Man lege in ein etwas geräumiges Uhrglas einige Meerlinsenwurzeln, und giefse ein wenig Waſſer darauf. Unterſucht man hierauf die Wurzeln mit einer guten Lupe, ſo wird man an einigen zuweilen ein weiſslichtes Fleckchen gewahr werden, welches, wie man ſehr bald ſehen wird, aus einigen Reihen von Punkten beſteht. Man bewege das Glas, ſo wird dieſer Fleck kleiner werden, und ſich der Wurzel der Meerlinſe nähern. Hört die Erſchütterung wieder auf, ſo wird er ſich wieder etwas entfernen, und, wie vorher, ausbreiten. Um dergleichen Flecke leichter gewahr zu werden, darf man ſich nur einem Fenſter nähern; nur muſs man nicht allzunahe an daſſelbe treten, denn zu viel Licht ſchadet eben ſo gut, als eine zu ſchwache Erleuchtung.

Man bringe das Fleckchen unter das Mikroſkop, und es werden ſich dem Auge ein

oder

oder mehrere artige Bäumchen *) darstellen. Während dafs man den Stamm, der an der Wurzel der Meerlinse fest steht, und mehrere Aeste trägt, und die Aeste, die sich immer in kleinere Aestchen theilen, untersucht, ziehen sich ein oder mehrere Aeste in einem Augenblick zusammen. Alle ihre Glocken fallen zusammen, und ziehen sich nach dem Stamm hin; allein sehr bald darauf dehnen sich die Aeste wieder aus, die Glocken entfernen sich wieder von einander, und alles kehrt an seinen vorigen Ort zurück.

Nicht nur die Glocken und die Aeste, sondern auch der Stamm dieses mikroskopischen Pflänzchens besitzen das Vermögen, sich nach Willkühr zu bewegen, zusammen zu ziehen und auszudehnen. Wenn also einige Philosophen die Animalität den Pflanzen haben einräumen wollen, so ist dieses Pflänzchen vorzüglich berechtigt, hierauf Anspruch zu machen. Es ist ganz eigentlich ein Thier, oder vielmehr ein Aggregat thierischer Wesen, deren jedes, wie wir in der Folge sehen werden, für sich und von den andern unabhängig lebt.

Die

*) Fig. I.

Die gedachte Zusammenziehung geschieht mit einer so grosen Schnelligkeit, dafs das Auge gar nicht unterscheiden kann, wie sie vor sich geht; allein weil darauf die Aestchen sowohl als die Glocken ihre vorige Stellung langsamer wieder annehmen, so zeigt sich dann deutlich, dafs sich die Stiele und Aeste nach verschiedenen Richtungen zusammen gelegt und dadurch verkürzt hatten. Im Augenblick der Zusammenziehung verschliefsen die Glocken ihre weiteste Mündung; sie öffnen sie wieder allmählich, während dafs sich die Aeste und Stiele wieder ausdehnen; die völlige Oeffnung pflegt aber nicht eher zu erfolgen, als bis sich diese vollkommen ausgedehnt haben. In diesem Augenblicke scheinen die Glocken ihre Lippe etwas umzuschlagen, und auf diese Weise wird ihr vorderes Ende etwas dick.

Die Aeste ziehen sich gewöhnlich, besonders wenn der Baum sehr grofs ist, nicht alle auf einmal zusammen, sondern bald dieser, bald jener; jedoch zuweilen fallen sie alle zugleich zusammen, und die Glocken des ganzen Baums kommen auf die Meerlinsenwurzel, welche denselben trägt, zu liegen.

Wenn dergleichen Zusammenziehungen
nicht

nicht von selbst entstehen, so reicht eine kleine Erschütterung des Glases zu, dieselben entweder in dem ganzen Pflänzchen oder wenigstens in einigen Aesten hervorzubringen.

Man giefse in das Glas Wasser aus einem Graben, und man wird die kleinen Körperchen, womit dasselbe angefüllt ist, in einer immerwährenden Bewegung sehen. Wenn dergleichen Körperchen sich der Mündung der Glocken nähern, so werden sie dahin gezogen, und in einen kleinen Strudel gerissen, in welchem sie sich schnell herumdrehen. Man verfolge sie mit dem Auge, so wird man bald gewahr werden, dafs einige derselben in die Mündung der Glocke hinein gehen, indefs der gröfste Theil, gleichsam von der Glocke zurückgestofsen, am Rande derselben vorbeygeht, aus dem Strudel entwischt, und sich hierauf wieder langsam bewegt, bis er in den Strudel einer andern Glocke geräth. Der Strudel hört auf, so oft die Glocken ihre Mündung verschliefsen, und zuweilen auch, indem dieselben noch geöffnet sind.

Diese Strudel werden durch gewisse kleine Spitzen, womit die Mündung der Glocken versehen ist, und vielleicht auch durch die Lippe der Glocken selbst hervorgebracht. Die-

Diese Spitzen lassen sich nur mit der größsten Schwierigkeit deutlich erkennen. Mit der Untersuchung derselben habe ich mich am meisten und sorgfältigsten beschäftigt. Meine Resultate sind folgende.

1. In vielen Glocken zeigen sich einige Spitzen, und zwar meistentheils nach den Seiten der Lippe zu *).

2. In vielen lassen sich keine (wenigstens nicht mit meinen Linsengläsern), nicht einmahl an den Seiten der Mündung, entdecken.

3. In einigen zeigen sich welche auch am obern und untern Theile der Mündung.

4. In einigen andern sieht man welche sehr schnell zum Vorschein kommen und wieder verschwinden.

5. Statt daſs sie in allen diesen Fällen sich sehr sparsam zeigen, und gewöhnlich unter einander divergiren, sind sie andremahl, wiewohl nur selten, sehr zahlreich, insgesammnt der Achse der Glocke parallel, nach Art einer Krone um den Rand herum geordnet **), und in einer kleinen, aber

schnel-

---

*) Fig. I. (1).
**) Fig. I. (2).

schnellen Bewegung. Alsdann muſs man das Geſicht ſehr gut bewaffnen, um ſie deutlich ſehen zu können; ſonſt glaubt man weiter nichts als ein geringes Zittern in der Mündung der Glocke gewahr zu werden.

Daſs unſere Glöckchen mit ſo vielen Spitzchen wirklich verſehen ſind, läſst ſich nicht bezweifeln, da dieſelben an der Mündung einiger Glocken geſehen worden. Woher mag es aber wohl kommen, daſs dergleichen Spitzen in den meiſten Glocken ſich entweder gar nicht zeigen, oder ſichtbar werden, und wieder verſchwinden, und daſs ſie, auch wenn ſie ſichtbar ſind, doch in ſo geringer Anzahl zum Vorſchein kommen. Vielleicht können ſie die Thierchen, wie die Weſpen ihren Stachel, oder wie die Schnecken ihre Hörner, nach Willkühr ausdehnen und wieder einziehen; vielleicht waren aber auch meine Linſen, ſo vortrefflich ſie auch ſind, doch nicht ſo gut, als ſie bey ſo feinen Beobachtungen ſeyn müſsten; vielleicht ward ich alſo die Spitzchen nur dann gewahr, wenn ſie ſich in einer für das Auge vorzüglich günſtigen Lage befanden. Zwey Gründe beſtärken mich in dieſer Vermuthung nicht wenig. Erſtens gedenkt Herr SPALLANZANI, ein ſo aufmerkſamer und genauer Beobachter, der

B Ver-

Verschiedenheiten, welche ich bey den Spitzen bemerkt habe, mit keinem Worte. Zweytens verträgt sich der Umstand, daſs die Spitzen eher an den Seiten, als in den andern Stellen des Randes zum Vorschein kommen, nicht mit der Struktur desselben; denn da die Mündung zirkelförmig ist, so ist es ein bloſser Zufall; wenn sich eher ein Theil derselben, als ein anderer, an den Seiten der Glocke zeigt. Wir wollen annehmen, daſs die Spitzen wegen ihrer groſsen Feinheit und Durchsichtigkeit unsichtbar sind, wenn nicht einige Umstände dazu beytragen, dieselben merklicher zu machen, so flieſst aus dieser Voraussetzung folgendes.

1. Ich werde sie eher an den Seiten, als in irgend einer andern Stelle des Randes gewahr werden müssen; denn da sie dort in Beziehung auf das Auge unmittelbar unter einander liegen, so bilden sie gleichsam eine Gruppe, die für eine einzige etwas dicke Spitze gehalten werden kann. Ueberdieſs wird daselbst ihre Durchsichtigkeit vermindert, weil diese Gruppe dem Durchgange des Lichtes nothwendig mehr Widerstand, als eine einzige Spitze, leisten muſs. Folglich entzieht sie daselbst dem Auge weder ihre Feinheit, noch ihre Durchsichtigkeit.

2. Ich

2. Ich werde fie nicht einmal dort gewahr werden können, fo oft fie dermafsen divergiren, dafs felbft diejenigen, welche fich an den Seiten des Randes befinden, einzeln, nicht gruppenartig verbunden, in das Auge fallen.

3. Ich werde fie auch an jeder andern Stelle der Mündung erblicken, fo oft als die Thierchen einige davon mit einander verbinden.

4. Sie werden zum Vorfchein kommen, und wieder verfchwinden, wenn die Thierchen einige vereinigen, und hierauf wieder von einander trennen.

5. Wenn endlich die Thierchen fie alle parallel halten, und mit grofser Gefchwindigkeit bewegen, fo werden fie, da fie vermöge diefer Bewegung ein zufammenhängendes Ganzes darftellen, überall am Rande fichtbar; nur mufs man dann das Auge wohl bewaffnen, um ihr leichtes Zittern deutlich gewahr zu werden.

Der einzige Umftand, welchen ich mit diefer Vorausfetzung nicht zu vereinigen weifs, ift, dafs dann, während die Thierchen die Mündung gefchloffen halten, die Spitzen alle zufammen vereinigt feyn, folglich

lich am deutlichſten in die Augen fallen
müſsten; was doch keinesweges der Fall iſt.
Ich weiſs daher wirklich nicht, was ich von
dieſen Spitzen glauben ſoll †).

SPALLANZANI glaubt, daſs die Mündung der Glocke ſich in der Mitte in ein
kleines Loch endigt. Da immer einige Glocken aufgerichtet ſtehen, ſo kann man die
innere Struktur derſelben ſehr leicht unterſuchen. Man wird daher leicht glauben, daſs
ich dieſem Loche ſehr aufmerkſam nachge-
ſpürt habe. Zuweilen habe ich es gleichfalls zu ſehen geglaubt; allein die meiſten
Mahle habe ich es vergebens geſucht.

Die Durchſichtigkeit der Glocken läſst
uns inwendig viele kleine Körner gewahr
werden. In einigen Glocken gibt es deren
eine gröſsere, in andern eine geringere Anzahl, und eine und dieſelbe Glocke beſitzt
nicht immer gleich viel. Vielleicht ſind
dieſs Theilchen der genoſſenen Nahrung,
die wegen der groſsen Durchſichtigkeit der
Behältniſſe, wo ſie ſich finden, ſichtbar ſind.
Meine Muthmaſsung gründet ſich hauptſächlich darauf, daſs ich deren immer weit weniger geſehen habe, ſo oft als die Glocken
im

†) (Man ſehe unten die **Nachſchrift.**)

im Glaſe einige Zeit lang in einerley Waſſer geweſen waren. Die Anfangs reichliche
Nahrung muſste mit der Zeit nothwendig ſehr
abnehmen, als die Thierchen ſchon einen
guten Theil davon verzehrt hatten.

Die Stiele der Glocken, die Zweige und
der Stamm ſelbſt ſcheinen aus mehrern Fäden gleichſam zuſammen gedreht, die, wenn
ſie ſich ausgedehnt haben, hier und da etwas
gekrümmt ſind.

Sehr oft ſieht man am Bäumchen einige
Glocken ihre gewöhnliche Geſtalt verlieren,
und eine andere ganz verſchiedene annehⲙ-
men. Das Thierchen ſchlieſst allmählich
die Mündung, und am hintern Ende zeigt
ſich eine Krone von Fädchen *), die vorher nicht ſichtbar waren. Es bewegt ſie Anfangs langſam, wird zu gleicher Zeit kürzer und dicker, und nimmt gleichſam die Geſtalt einer Zwiebel an. Die Bewegung der
Fädchen wird immer ſchneller. Mittlerwei-
le verlängert ſich das Thierchen wiederum
unmerklich, bewegt die Fädchen immer ge-
ſchwinder, geräth ſelbſt in Bewegung, dreht
ſich einige Mahl um ſeinen Stiel, und geht
end-

*) Fig. I. (3)

endlich davon los. Alles diefs geschieht ungefähr in einer halben Stunde *).

Man muſs die gedachten Fädchen nicht mit den Spitzchen verwechſeln, die ſich an der Mündung der Glocke zu zeigen pflegen. Statt daſs die Spitzchen, ſelbſt wenn ſie bewegt werden, immer gerade bleiben, ſind die Fädchen gleichſam ſchlangenförmig gewunden. Ueberdieſs befinden ſich die Fädchen, von denen ich hier rede, gedachter Maſsen nicht am vordern, ſondern am hintern Theile des Thieres. Der überzeugendſte Beweis vom Unterſchiede der Fädchen und der Spitzchen iſt, daſs das Thierchen zuweilen die Fädchen hinten zu bewegen anfängt, wenn an der noch nicht völlig verſchloſſenen Mündung die Spitzchen immer noch ſichtbar ſind. Freylich iſt dieſs ein ſehr ſeltenes Phänomen. Man ſtöſst nicht leicht auf Glocken, die ſogleich ihre gewöhnliche Geſtalt zu verlieren, und die Fädchen auszuſtrecken anfangen. Ich hatte dergleichen Thierchen ſchon lange Zeit und ziemlich fleiſsig beobachtet, ehe ich Glocken gewahr werden konnte, die zu gleicher

---

*) (Man ſehe unten die **Nachſchrift.**)

«her Zeit vorn Spitzchen und hinten Fädchen hatten.

Was werden wir aber fagen, wenn wir, nachdem fich das Thierchen abgelöſt hat, fehen werden, daſs eben der Theil, der vorher das hintere Ende ausmachte, nunmehr das vordere Ende iſt, und die Fädchen, die zuvor von den Spitzchen verſchieden waren, die Spitzchen der neuen Mündung geworden find? Dieſs ſchien mir in der That der Fall zu ſeyn, ſo oft ich dieſe ſonderbare Ablöſung der Glocken beobachtete. Inzwiſchen find dergleichen mikroſkopiſche Beobachtungen ſo ſchwer anzuſtellen, und überdieſs kann man ſich bey Gegenſtänden, mit denen man noch nicht recht vertraut iſt, ſo leicht irren, daſs ich ſehr wünſche, es möchten ſich andere Beobachter die Mühe geben, dieſer ſonderbaren Verwandlung des Mundes in den Hintertheil und des Hintertheils in den Mund, ſie mag nun wahr oder nur ſcheinbar ſeyn, mit aller Scharfſichtigkeit nachzuforſchen.

Hat ſich das Thierchen abgeſondert, ſo unterſcheidet es ſich der Form nach nicht ſehr von einem Eimer, auſſer daſs es etwas länglicher iſt. Wenn es ſchwimmt, ſo hat es die Mündung gewöhnlich unten, zuweilen

len aber auch oben; es kommt und geht, und dreht sich unzählige Mahl. Von Zeit zu Zeit ruht es auf der Meerlinsenwurzel, oder auf dem Bäumchen selbst, von welchem es losgegangen ist; es geht um die Wurzel herum, oder längs derselben hin, oder es bewegt sich auf dem Boden des Glases, und die Spitzchen dienen ihm anstatt der Füfse. Es steht einige Zeit lang unbeweglich, schweift dann wieder umher, und bleibt zuletzt entweder auf der Meerlinsenwurzel, oder auch auf dem Boden des Glases, indem es nichts weiter thut, als dafs es die Mündung ein wenig erweitert und zusammenzieht.

Einige Stunden darauf sieht man am hintern Theile einen kleinen Stiel zum Vorschein kommen. Mit demselben befestigt sich das Thierchen an dem Orte, wo es seine Wohnung aufschlagen will. Dieser Stiel verlängert sich unmerklich immer mehr und mehr, bis er fünf bis sechs Mahl gröfser, als die Achse der Glocke, geworden ist. Er ist der Länge nach aus mehrern Fäden obgedachter Mafsen gleichsam zusammen gewebt. Man braucht das Thierchen nur von Zeit zu Zeit zu betrachten, so wird man gewahr, dafs sich ein neues Bäumchen bildet. Die Glocke theilt sich in zwey Glocken,

die

die zwey Glocken in vier, dann in acht u. f. w. Die zwey erften Tage über bleiben die Glocken nahe bey einander, und bilden noch kein Bäumchen; man fieht weiter nichts als eine Gruppe von Glocken, die, jede mit einem eignen Stiele, an einem gemeinfchaftlichen Stamme befeftigt find. Allein diefer Stamm wird hernach ein wenig ftärker; die Stiele verlängern fich; es bilden fich vermittelft der neuen Theilungen der Glocken neue Stiele auf den alten; es entfpringen daraus verfchiedene Aefte, und in fünf bis fechs Tagen hat man bey warmer Witterung einen fchönen Baum.

Die Theilung der Glocken anlangend, kommen meine und SPALLANZANI's Beobachtungen nicht mit einander überein. Unter die Kennzeichen, woran fich die baumförmigen Thierchen von den Straufspolypen*) unterfcheiden laffen follen, zählt SPALLANZANI auch den Umftand, dafs die gedachten Polypen, bevor fie fich theilen, die glockenförmige Geftalt verlieren. Nach SPALLANZANI verlieren alfo die Thierchen unferer Bäumchen vor der Theilung diefelbe nicht; fonft würden fie hierin nicht von den

*) Polipi a fiocco.

Straußpolypen verschieden seyn. Allein so oft ich auch die Theilung der Glocken an unsern Bäumchen beobachtet habe, so habe ich sie doch nicht ein einziges Mahl ohne Aenderung der Glockenform vor sich gehen sehen. Alle Thierchen, welche ich während dieser Operation habe beobachten können, haben sich auf folgende Weise getheilt.

Bevor die Theilung angeht, verliert das Thierchen die glockenförmige Gestalt, und wird einer etwas länglichen Birn ähnlich *). Am vordern Ende dieser Birn bemerkt man gleich Anfangs ein immerwährendes Aufwallen. Die Birn wird allmählich kürzer, und zuletzt vollkommen kugelrund. Das Aufwallen dauert immer fort, die Seiten schwellen an, und das Thier wird in die Quer größer, als in die Länge **). Der vordere Theil nähert sich dem hintern immer mehr, und in der Mitte des vordern Theils fängt eine kleine Krümmung nach hinten zu sichtbar zu werden an ***). An dem übrigen Theil des Körpers zeigt sich noch keine Spur

---

*) Fig. I. (4.)
**) Fig. I. (5.)
***) Fig. I. (6.)

Spur einer Theilung. Diefs gefchieht erft einige Minuten darauf, und nun bekommt man bald zwey kleine, an einander ftofsende Kugeln *) zu fehen, die hinten unmerklich länger werden, und die Geftalt zweyer kleiner an einerley Stiel befeftigter Birnen annehmen **). Beobachtet man fie genau, fo wird man in beyden an einer gewiffen Stelle ein anhaltendes Zittern gewahr werden: dafelbft kann man fchon eine kleine Lippe erkennen, die fich immer mehr und mehr öffnet; diefe Lippe bekommt Spitzen, die mit grofser Schnelligkeit bewegt werden, und endlich zeigen fich zwey Glöckchen, die nur noch etwas kleiner, als die andern, find. In weniger als einer Stunde geht diefe ganze Operation von Statten, während welcher das Thier keinen Strudel erregt.

Die zwey Glöckchen find alsdann an einen und denfelben Stiel befeftigt. Um fie alle beyde zu erkennen, mufs man fie gerade im Geficht haben. Zuweilen ftellen fie fich dem Auge fo dar, dafs die eine unter der andern liegt, und man nur eine erblickt; zuweilen fo, dafs man von der untern

*) Fig. I. (7.)
**) Fig. I. (8.)

tern nur einen Theil gewahr wird, indeſs der andere Theil vom obern Glöckchen bedeckt bleibt. Dann glaubt man eine einzige Glocke zu ſehen, die etwas breiter, als die andern, und oben der Länge nach gezeichnet iſt. Man könnte ſie leicht für eine Glocke halten, welche ſich zu theilen anfängt, und dieſs kann vielleicht Veranlaſſung gegeben haben, zu glauben, daſs die Glocken der Bäumchen, während daſs ſie ſich theilen, ihre gewöhnliche Geſtalt behalten. Ich bin ſelbſt in dieſen Irrthum Anfangs mehr als einmal gerathen. Man erſchüttere das Glas etwas, damit ſich das Bäumchen zuſammen ziehe, und beobachte den Ort aufmerkſam, wo das gedachter Maſsen gefurchte Glöckchen zum Vorſchein gekommen iſt; weil die Glocken, wenn ſich die Aeſte und Stiele wieder ausſtrecken, ſich etwas herum zu drehen pflegen, ſo wird man beyde an einander ſtoſsende Glöckchen deutlich gewahr werden, die ſodann wieder ihre erſte Lage einnehmen, und eine einzige der Länge nach gefurchte Glocke zu ſeyn ſcheinen.

Indem ſich die Glocke theilt, theilt ſich der Stiel, an welchem ſie befeſtigt iſt, nicht mit. Die Glöckchen entwickeln nach voll-
brach-

brachter Theilung ihre eignen Stiele auf dem Baume, so wie sie dieselben entwickeln, wenn sie vom Baume los gehen, und sich anderswo fest setzen; und auf diese Weise bilden sich die neuen Stiele. Herr SPALLANZANI hatte hierüber, wie er selbst sagt, nicht genug Beobachtungen angestellt, um hierin ganz aufs Reine zu kommen. Ich habe mich davon vermittelst einiger am Boden des Glases angebrachter Zeichen zu überzeugen Gelegenheit gehabt. Ich that in das Glas eine Wurzel, auf der sich ein Stamm mit zwey Glocken befand, und befestigte sie mit Wachs, so dass der Stamm immer an einerley Stelle bleiben musste. Auf diese Weise konnte ich leicht vermittelst der gedachten Zeichen während der Bildung des Bäumchens die Stelle bestimmen, wo sich die Glocken im Augenblick ihrer Theilung befanden. Niemals habe ich unter dem Orte, wo die Glocke vor der Theilung fest sass, den Stiel sich theilen sehen; immer kam aus den getheilten Glocken selbst der ihnen eigene Stiel zum Vorschein.

Bisweilen habe ich auf den Meerlinsenwurzeln Bäumchen gefunden, deren Aeste sehr dicht beysamen standen und an Glocken ungemein reichhaltig waren. Allein diejenigen

nigen Bäumchen, die ich in den Uhrgläſern ſelbſt entſtehen ſahe, wollten bey weitem nicht ſo gut gedeihen. Ob ich gleich das Waſſer den Tag über öfters änderte, und es aus denſelben Gräben ſchöpfte, wo ich dergleichen Thierchen in groſser Menge fand, damit ſie keine andere als ihre gewöhnliche Nahrung erhielten, ſo konnten ſie doch wahrſcheinlich in dem engen Glaſe nicht ſo reichlich genährt werden, als in dem Graben geſchehen konnte, wo jede noch ſo ſchwache Bewegung des Waſſers immer neue Nahrung herbeyſchaffte. Da ſich überdieſs die Nahrung im Glaſe auf das einſchränkte, was in einigen wenigen Waſſertropfen enthalten war, ſo muſste ſie nothwendig deſto ſparſamer werden, je gröſser die Anzahl der Thierchen ward, die dadurch genährt werden ſollten; daher muſste, wenn ſich die Thierchen bis auf einen gewiſſen Grad vervielfältigt hatten, dem Pflanzenthiere die zur weitern Entwicklung nothwendige Kraft fehlen. Iſt es mit den Bäumchen dahin gekommen, ſo wird man in den Glöckchen faſt gar keine Körner mehr gewahr; die Zuſammenziehungen geſchehen weit ſeltener; die Strudel ſind langſamer und nicht ſo ſichtbar; kurz alles zeigt, daſs das Pflanzenthier eingeht, und

das

das Bäumchen ſtirbt in einem oder zwey Tagen allmählich ab.

Nicht alle Bäumchen gehen auf eine und dieſelbe Art ein. Bey einigen ſondern ſich die Glocken auf die obbeſchriebene Weiſe von den Aeſten ab, ſo daſs der ganze Baum alle ſeine Glocken verliert, der hierauf viele Tage lang auf der Wurzel nakt ſtehen bleibt, ohne weiter zu verderben. Er gleicht dann einem entlaubten Baume. Zuweilen trägt ſichs zu, daſs die Glocken auf einem Aſte ſtehen bleiben, indeſs die andern Aeſte insgeſammt alle ihre Glocken verlieren. Wenn ein Aſt ſeine Glocken eher, als die andern, verliert, ſo hören in ihm die Zuſammenziehungen auf, ja wenn ſich alle andere Aeſte auf einmal zuſammen ziehen, bleibt er gerade und unbeweglich ſtehen. Es ſcheint alſo, daſs ein Aſt abſtirbt, wenn ihn ſeine Glocken verlaſſen. Gleichwohl erinnere ich mich, einen Aſt bemerkt zu haben, der einige Stunden darauf, als er ſeine Glocken verlohren hatte, ſich auf einmal zu bewegen anfing, indeſs der übrige Theil des Baums faſt ganz ruhig blieb, ſich hierauf um einen andern nahe ſtehenden Aſt krümmte, und nicht eher ruhete, als bis er ſich um denſelben ganz herum geſchlungen hatte.

Ich

Ich habe bereits erinnert, was aus den Glocken wird, wenn fie von den Aeften los gehen. Wenn SPALLANZANI die von den Bäumchen los gegangenen Glocken hat umkommen fehen, fo mufs eine befondere Urfache ihren Tod veranlafst haben. Zuverläfsig kann diefer aufmerkfame Beobachter nicht in einen Irrthum gerathen feyn, in welchen ein anderer wohl fehr leicht gerathen könnte; denn wenn die los gegangenen Glocken eine Zeitlang herum gefchweift find, pflegen fie fich erwähnter Mafsen auf dem Boden des Gefäfses oder fonft wo feft zu fetzen, und dafelbft, zuweilen mehrere Stunden hinter einander, faft ganz unbeweglich zu bleiben; ein Umftand, weshalb man fie wohl für todt zu halten geneigt feyn könnte.

Mehr als einmal habe ich mich auf das gewifsefte zu überzeugen Gelegenheit gehabt, dafs die los gegangenen Glocken, wenigftens dem gröfsten Theil nach, zu leben fortfahren, ihren Stiel wieder erzeugen, und neue Bäumchen hervorbringen. Um Weitläuftigkeit zu vermeiden, will ich aus fo vielen Beobachtungen nur eine einzige anführen:

Es hatten fich unter meinen Augen vier Glocken von einem Bäumchen abgefondert.

Wäh-

Während dafs sie in der Flüssigkeit herum schwammen, nahm ich das Bäumchen mit der Meerlinsenwurzel, auf welcher dasselbe stand, heraus. Ich that dafür eine andere Wurzel hinein, nachdem ich sie überall mit dem Mikroskop auf das sorgfältigste untersucht hatte, um mich zu versichern, dafs sich auf derselben kein Glockenthierchen befand. Noch vier Stunden fuhren die Glocken wie vorher zu schwimmen fort. Einige Stunden darauf schwammen noch drey ganz ohne Stiel; die vierte hatte sich an die Wurzel mit einem sehr kurzen Stiel angehängt. Den nächsten Morgen hingen zwey andere an der Meerlinsenwurzel gleichfalls fest, und die vierte hing mit der Wand des Glases zusammen. Alle vier hatten nunmehr etwas längliche Stiele. Ungefähr sechs Stunden darauf theilten sich drey Glöckchen, jede in zwey; die vierte war noch ungetheilt. Am Abend trug jeder Stiel vier Glocken, und ich bekam in der Folge vier Bäumchen.

Zuweilen findet man im Glase die herrlichsten Bäumchen; die Zusammenziehungen sind bey ihnen sehr häufig, die Strudel schnell; kurz alles ist voll Leben und Munterkeit. Man sollte denken, dafs dergleichen Bäumchen viele Tage lang lebhaft und an Glocken reichhaltig bleiben würden; und nichts desto weniger verlieren sie ihre Glocken nach einigen Stunden ganz oder doch wenigstens grossentheils. Im Gegentheil bleiben die Glocken zuweilen auch dann an den Aestchen hängen, wenn man denken sollte, dass sie sich davon trennen müssten. Ich habe sie von den Aesten vorsätzlich abzusondern gesucht: ich habe die Meerlinsenwurzeln mit ihren Bäumchen aus einem Glase ins andere gethan, sie erschüttert und hin und her bewegt; ich habe die Thierchen hungern lassen, indem ich sie in reinem Wasser aufbewahrte: das Gedeihen der Bäumchen ist zwar dadurch gehindert worden, die Glöckchen haben ein schlechtes Ansehen bekommen, sie selbst und ihre Aeste haben sich nicht mehr zusammengezogen, allein alles dessen ungeachtet sind sie an ihren Aesten hängen geblieben.

Bleiben also die Glocken vielleicht eine gewisse Zeit lang an ihren Aesten hängen, während welcher sie mit denselben fest verbunden sind, und nach deren Verlauf sie von selbst los gehen, so wie die Früchte, wenn sie reif sind, von ihren Zweigen abfallen? Ich vermuthete diess Anfangs, fand aber meine Vermuthung nicht bestätigt. Ich habe
Glö-

Glocken von ihren Bäumchen los gehen fehen, als fich diefe kaum zu bilden angefangen hatten; auch habe ich einige ihren Stiel, der erft vor wenig Stunden gewachfen war, auf der Meerlinfenwurzel zurücklaffen, und nach den gewöhnlichen Umdrehungen in einer geringen Entfernung von ihrer erften Stelle bleiben, einen neuen Stiel hervortreiben, und fich hierauf, wie gewöhnlich, theilen fehen.

Eine andere Art, wie die Bäumchen umkommen, ift folgende. Aus der halbverfaulten Wurzel brechen meiftens fehr feine Fäden hervor, welche, indem fie fich verlängern und immer dichter werden, erftens den Stamm, und hierauf die Aefte und die Glocken derfelben ergreifen. Der Baum fährt, mit diefem Schimmel befchwert, einige Tage zu leben fort; allein er kränkelt immer mehr und mehr, bis er zuletzt, ganz damit bedeckt, alle Bewegung verliert, und fo entftellt ausfieht, dafs man ihn nicht einmal mehr erkennen kann. Ich habe öfters die Wurzel und das Pflänzchen zu reinigen gefucht, wenn fie anfingen mit dergleichen Fädchen bedeckt zu werden. In diefer Abficht hielt ich die Wurzel in dem Glafe, das ich geneigt hatte, mit dem Finger feft, gofs

C 2 Waffer

Waſſer darauf, und lieſs es durch die Wurzel hin ſchnell abflieſsen. Vielleicht glückte es mir, den Thierchen ihr Leben dadurch noch einige Tage länger zu friſten; allein, endlich wurden ſie doch durch die Fäden, die dem kleinen Waſſerſtrome gröſstentheils widerſtehen konnten, erſtickt. Dergleichen Fädchen erzeugen ſich auch auf dem Bäumchen ſelbſt. Ja ſogar einige von den Pflänzchen, die auf dem Boden des Glaſes entſtanden waren, kamen auf dieſe Weiſe um.

Dieſe Thierchen ſterben gleichfalls, wenn man in dem Waſſer, worin ſie ſich finden, Kochſalz, Vitriol, Zucker, Salpeter auflöſst; wenn man Saft von Zwiebeln oder Knoblauch hineindrückt; oder wenn man es mit Wein oder Eſſig vermiſcht. Kochſalz, Eſsig, reiner Wein töden ſie augenblicklich; die andern genannten Dinge ſind für ſie minder heftige Gifte: die Thierchen fahren in der vergifteten Flüſsigkeit einige Minuten lang fort, ſich zuſammen zu ziehen und auszudehnen, indem ſie den Mund halb verſchloſſen halten, allein endlich ſterben ſie doch.

Zuweilen ſieht man im Waſſer Bäumchen ſchwimmen, die von der Meerlinſenwurzel los gegangen ſind. Da ſich dergleichen

chen Thierchen gewöhnlich auf folchen Wurzeln finden, welche fchon zu verderben angefangen haben, fo kann, wenn das Verderbniſs ein wenig weiter geht, fehr leicht ein Bäumchen losgehen, weil die Theile der Wurzel, womit es verbunden ift, durch die Fäulniſs allen Zufammenhang verloren haben. Ueberdieſs gibt es eine Menge Ungeziefer, das auf den etwas verdorbenen Meerlinfenwurzeln noch Nahrung zu fuchen pflegt. Kein Wunder, wenn es dabey die Wurzeln mehr oder weniger mit zerfriſst. Es kann daher das feinige auch mit dazu beytragen, daſs ſich die Bäumchen von den Wurzeln abfondern. Damit dergleichen Thierchen meinen Pflanzenthieren nicht nachtheilig werden möchten, pflegte ich fie erft zu töden, indem ich das Waſſer aus dem Graben kochen ließ, bevor ich es in das Glas, worin die Pflanzenthiere waren, goſs. Die Erfahrung hat mir gezeigt, daſs das Kochen des Waſſers der Nahrung der Bäumchen nicht im mindeſten ſchadet.

Manchmal bleibt ein halb zerbrochener Aſt am Baume hängen; die Glöckchen deſſelben leben fort und vervielfältigen ſich; der Aſt wächſt, und wird ein zweiter kleiner Baum, der mit dem erſten zuſammenhängt.

hängt. Es ist ein schöner Anblick, wenn man sieht, wie sich dann die Glöckchen beider Bäumchen unter einander verwirren, wie einige auf- und andere niedersteigen, wie sie an einander stosen, wie sie sich beym Zusammenziehen und Ausdehnen einander durchkreuzen. Ueberdiefs geschieht diefs nur selten; gewöhnlich geht, ehe sich das neue Bäumchen erzeugt, der andere ein. Man sieht auch zuweilen Aeste, die vom Baume ganz los gegangen sind, oder ganze Gruppen von Glöckchen, oder auch ein einziges Glöckchen mit seinem langen Stiele im Wasser frey hin- und herschwimmen. Ihre Absonderung vom Baume rührt von einer fremden Ursache her, denn niemals habe ich bemerken können, dafs die Glöckchen im Stande sind, ihren Stiel von der Meerlinsenwurzel oder vom Aste, oder den Ast selbst vom Baume los zu machen.

Auch wenn der Baum los gegangen ist, lebt und gedeihet er, wie vorher (und dasselbe gilt von einem Aste, einer Gruppe Glöckchen, ja selbst von einer einzelnen ihren Stiel nach sich ziehenden Glocke). Wenn in diesem Falle eine Zusammenziehung erfolgt, und sich alle oder die meisten Aeste zusammenziehen, so nähern sich nunmehr

mehr nicht die Aeſte und die Glocken dem Stamme, ſondern der Stamm und die Aeſte den Glocken; eine Erſcheinung, die auch Herr SPALLANZANI beobachtet hat.

Vielen dergleichen Aeſten und Gruppen, ſo wie einzelnen ihren Stiel nach ſich ziehenden Glocken, habe ich Meerlinſenwurzeln in das Glas geworfen; allein niemals habe ich bemerken können, daſs ein Aſt, eine Gruppe Glöckchen oder eine einzelne Glocke ſich daran feſt gehängt hätte. Es ſcheint folglich, als ob die einzige Art, wie ſich die Glöckchen an den Körpern befeſtigen, darin beſteht, daſs ſie beſchriebener Maſsen ihren Hintertheil an dieſelben halten, indeſs ſie ihren Stiel zu entwickeln anfangen.

Die gewöhnliche Höhe der Bäumchen, von denen ich jetzt rede, beträgt ein wenig über eine Linie. Die Mündung der Glocken beträgt im Durchmeſſer ungefähr $\frac{1}{30}$ Linie, und die Länge derſelben übertrifft den Durchmeſſer etwa um ein Drittel. Nach dem hintern Ende zu wird die Glocke immer enger, und da, wo ſie mit dem Stiele zuſammen hängt, iſt ſie am engſten. Die Länge der Stiele iſt ſehr veränderlich; ſo wie auch die Länge der Aeſte. Der Stamm iſt

ge-

gewöhnlich ⅓ Linie oder ein wenig darüber lang *).

Wenn ich ein Bäumchen meſſen will, ſo ſchneide ich das Stückchen der Meerlinſenwurzel, worauf es ſich findet, ab, bringe daſſelbe ſammt dem Bäumchen auf ein dünnes Blättchen von ruſſiſchem Glimmer, und laſſe darauf vermittelſt einer Schreibefeder einen ganz kleinen Waſſertropfen fallen. Hierauf lege ich den Glimmer auf den Träger (porta - oggetti), ſo daſs das Waſſer unten hin kommt, und bringe das Mikrometer gehörig an. Ich brauche ein Mikrometer vom P. IOH. BAPTISTA von S. Martino, deſſen groſse Einſichten, ſo wie ſeine Verdienſte um die Vervollkommnung phyſiſcher Inſtrumente, hinlänglich bekannt ſind. Man muſs ſich einer ſehr wenig ſcharfen Linſe bedienen, um in

---

*) Man ſieht recht gut das ganze Bäumchen mit der Linſe 96. Um die einzelnen Theile deſſelben deutlich wahr zu nehmen, muſs man ſchärfere Linſen bis 400 brauchen. Braucht man die Linſe 400, ſo muſs man das Objekt abwärts kehren, um das Glas nicht zu beſchmutzen.

Unter der Linſe 96 verſtehe ich diejenige, welche den Durchmeſſer des Objekts ungefähr 96 Mahl vergröſſert, u. ſ. w.

in den Brennpunkt, ſo viel als möglich, zu gleicher Zeit die Felder des Mikrometers und das Bäumchen zu bekommen.

2.

Es gibt eine andere Art von baumförmigen Thierchen *), welche einem eigentlichen Baume noch ähnlicher iſt, als die bisher beſchriebenen. Ihre Hauptäſte entſpringen nicht faſt alle aus einer und derſelben Stelle des Stammes, wie bey jenen der Fall iſt. Der Stamm, die Aeſte, die Stiele zeigen hier nicht die Art von Zuſammenflechtung, von welcher ich ſchon geſprochen habe. Die Bäumchen der erſten Art ſehen unter dem Mikroſkope, mit gebrochenen Lichtſtrahlen betrachtet, gleichſam perlfarbig aus, da hingegen die zweyte Art gelbliche Glocken hat.

Die Höhe des ganzen Baums iſt meiſtens $\frac{3}{4}$ Linie. Die Glöckchen ſind nicht länger, als $\frac{1}{48}$ Linie, und verhältniſmäſsig noch enger, als die Glocken der erſten Art; denn der Durchmeſſer der Mündung beträgt höchſtens etwas über die Hälfte von der Achſe.

*) Fig. II.

Die Glöckchen ziehen sich nach dem hintern Theile nicht zusammen, wie die oben beschriebenen Glocken, und die Mündung ist wenig oder gar nicht weiter, als der übrige Theil des Körpers. Mit Einem Worte, diese Bäumchen unterscheiden sich von den vorhergehenden an Grösse, Farbe und Struktur; sie haben einen andern Stamm, andere Aeste, andere Stiele, andere Glöckchen. Inzwischen kommen beyde Arten in sehr vielen Dingen auch mit einander überein. Auch hier rollen sich Aeste und Stiele und Glocken zusammen, und nähern sich der Meerlinsenwurzel, entweder von freyen Stücken, oder bey der geringsten Erschütterung des Glases; nur entwickeln sie sich hierauf weit langsamer wieder, als die Aeste und Stiele der Bäumchen der ersten Art. Auch hier sind die Ränder der Glöckchen mit Spitzchen besetzt, die nicht immer sichtbar sind. Endlich gibt es auch hier den obgedachten Strudel um die Oeffnung der Glöckchen. Die wenigen Beobachtungen, welche ich bis jezt über diese zweyte Art von Bäumchen angestellt habe, haben mir von ihrer Natur und Oekonomie nichts weiter gezeigt.

Erlauben Sie mir, einige Gedanken beyzufügen. Gibt es in der Natur ein Geschöpf, fchöpf, das, weil es thierifche und vegetabilifche Eigenfchaften zu gleicher Zeit befitzt, gleichfam den Uebergang vom Pflanzenreich zum Thierreich macht? Angenommen, dafs es dergleichen Gefchöpfe gibt, follte man denken, dafs es Wefen feyn müfsten, welche, indefs fie thierifche Funktionen verrichten, fich unter der Geftalt eines Baumes zeigen, ihre Aefte, wie ein Baum, ausdehnen, vergröfsern und vervielfältigen, und, wie ein Baum, an einer Stelle befeftigt find. Reichen aber auch diefe äufsern Kennzeichen, die fie mit den Bäumen gemein haben, wirklich hin, um denfelben vegetabilifche Eigenfchaften mit Recht zufchreiben zu können? Müfsten fie fich dann den Pflanzen nicht auch in Rückficht der Organifation bis auf einen gewiffen Grad nähern, um auch vegetabilifche Funktionen verrichten zu können? Herr DAUBENTON ift der Meinung*), dafs man, um zu entdecken, ob es zwifchen den Pflanzen und Thieren Zwifchengefchöpfe gibt, welche vermöge gewiffer dem Thier und Pflanzenreiche gemeinfchaftlicher Kennzeichen, die fie befitzen, einen

all-

---

*) Introd. à l' hiftoire natur. Encyclop. méthod. Diction. Quadrup.

allmählichen Uebergang von dem einen Naturreiche ins andere machen, diejenigen Pflanzen, welche die gröſste Menge Organe haben, mit denen Thieren, welche davon am wenigſten beſitzen, vergleichen müſſe. Er gründet ſeine Meinung darauf, daſs, weil der Mechanismus des thieriſchen Körpers, überhaupt betrachtet, zuſammengeſetzter, als des vegetabiliſchen, iſt, die Thiere auch an Organen reicher ſeyn müſſen. In der That braucht die Pflanze keine andern Organe, als die zur Ernährung und Entwicklung nöthig ſind; da hingegen im Thiere die animaliſchen Funktionen noch andere Organe erfordern, ſo daſs es freylich ſcheint, man könne daraus ſchlieſsen, daſs die Weſen des Thierreichs eine gröſsere Anzahl Organe, als die Pflanzen, beſitzen müſſen. Wenn man indeſſen bedenkt, daſs die Natur in beyden Reichen ihre wunderbaren Wirkungen auf unendlich mannigfaltige Arten zu verändern pflegt; daſs ſie in vielen Fällen ihre unerſchöpflichen Reichthümer gleichſam verſchwendet, indem ſie Mittel, ihre Endzwecke zu erreichen, wie es uns vorkommt, auf eine ungeheure Art vervielfältigt; daſs ſie hingegen in andern Fällen ihre Abſichten durch ſehr einfache Mittel zu erreichen weiſs: ſo kann man leicht

leicht auf den Gedanken kommen, daſs in denjenigen Pflanzen, welche die Natur mit Organen gleichſam verſchwenderiſch ausgeſtattet hat, die Organiſation zuſammengeſezter iſt, als in denen Thieren, wo ſie damit ſehr ſparſam geweſen iſt. In der That hat es ganz das Anſehen, daſs ein Armpolyp, der wirklich weiter nichts als eine Art von Darm iſt (wie auch Herr BONNET erinnert), und ein Infuſionsthierchen, das nur aus ſehr wenigen Bläschen beſteht, einfachere Geſchöpfe ſind, als ein Baum, der ſo viel und ſo verſchiedentlich organiſirte Theile enthält. Gibt es aber eine einzige Thiergattung, die weniger Organe beſitzt, als eine einzige Pflanzengattung, ſo iſt es falſch, daſs die Natur in der Erzeugung ihrer Geſchöpfe vom Pflanzenreiche zum Thierreiche vermittelſt einer zuſammengeſeztern Organiſation aufſteigt, und die von dem berühmten DAUBENTON vorgeſchlagene Methode, die Mittelglieder zwiſchen dem Pflanzen- und Thierreiche zu entdecken, kann ſchlechterdings nicht Statt finden.

Ich glaube daher, daſs man, wenn man unterſuchen will, ob es in der Natur Weſen gibt, welche den Uebergang vom einen dieſer zwey Naturreiche zum andern machen, einen

einen andern Weg einschlagen muſs. Ohne Zweifel werden die Funktionen der organiſirten Weſen von verſchiedener Natur ſeyn, nachdem die Verrichtungen der Organe verſchieden ſind. Daher kommt es, daſs die thieriſchen Funktionen Organe erfordern, deren Struktur ganz anders iſt, als die Struktur der Organe, welche den vegetabiliſchen Funktionen eigen ſind. Folglich wird eher die Einrichtung der Organe, als die Anzahl derſelben, den Charakter eines vegetabiliſchen oder animaliſchen Weſens abgeben können. Sucht man daher den Uebergang von dem einen der gedachten zwey Naturreiche in das andere, ſo muſs man meines Erachtens nicht ſowohl auf die Menge, als auf die Einrichtung und Beſchaffenheit der Organe ſehen. Finde ich alſo ein Thier, in deſſen Organiſation ſich zugleich dasjenige zeigt, was die Organiſation der Pflanzen weſendliches hat, ſo werde ich daſſelbe, ohne auf die Anzahl ſeiner Organe im mindeſten zu achten, für ein Weſen halten, das zugleich dem Pflanzen- und dem Thierreiche angehört.

So verſchieden auch die Weſen des weitläuftigen Thierreichs organiſirt ſind, ſo kommen doch alle darin überein, daſs ſie die Speiſe durch ein einziges Organ einziehen, worauf

worauf sie in eine oder mehrere Höhlungen geschafft wird, wo sie die ersten Veränderungen erleidet *). Im Gegentheil ziehen alle Gewächse, zu welcher Klasse sie auch immer gehören mögen, den Nahrungssaft durch eine Menge Saugwerkzeuge ein, worauf er längs den Fibern der Pflanze aufsteigt. Also sind ein Mund und ein Magen Organe, die dem Thiere eigenthümlich zukommen; hingegen eine Menge Wurzeln oder andere Saugwerkzeug, welche die Stelle derselben vertreten, sind eigenthümliche Organe der Pflanze. Nun wollen wir sehen, wie sich die Organisation der baumförmigen Thierchen zu der Organisation der Pflanzen verhält, um daraus den Schluſs zu ziehen, ob diese Geschöpfe einiger Maſsen auch zum Pflanzenreiche gehören, oder nicht.

Ich

---

*) Der Bandwurm zieht seine Nahrung vermittelst der vier Warzen ein, die sich am Kopfe desselben befinden. Allein diese Warzen kommuniciren mit einem und demselben Organ, in das die von ihnen eingesaugte Speise alsdann übergeht. Man muſs sie daher nicht als vier Mäuler des Thieres, sondern als vier Verlängerungen des sonderbar gebildeten Mundes desselben betrachten. Die Wurzeln der Pflanzen sind etwas ganz anders.

Ich haue einen Baum um, indem ich Zweige und Blätter darauf lasse. Obgleich die Pflanzen auch durch die Blätter einige Nahrung überkommen, so hört doch der Baum auf, zu vegetiren, und stirbt ab. Im Gegentheil nehme ich ihm alles Laub: noch mehr, ich schneide alle Aeste ab, und lasse blos den nackten Stamm stehen; und er fährt zu leben fort, treibt neue Zweige, und bekleidet sich mit frischem Laube. Woher kömmt diess? — Man muss mit Herrn Bonnet die Haupt- und Nebenäste der Bäume für eben so viel einzelne Pflänzchen ansehen, die auf einander, und alle auf die gemeinschaftliche Pflanze gepfropft sind. Der von den Wurzeln angezogene Nahrungssaft steigt im Stamme auf, und geht gleichsam aus der Mutterpflanze in die eingepfropften Pflänzchen über, die mit derselben ein Ganzes ausmachen. Wenn ich also den Baum von den Wurzeln abhaue, so entziehe ich ihm die Organe, welche die Nahrungssäfte desselben aus der Erde anzuziehen bestimmt sind, folglich die zu seiner Erhaltung nöthige Nahrung; allein wenn ich nur die gleichsam eingepfropften Pflänzchen von ihm wegnehme, so fährt die Mutterpflanze fort, sich immer noch mit den Säften zu nähren, welche sie, wie zuvor, durch die Wurzeln erhält, und

welche,

welche, indem sie sich zwischen den Fibern derselben bewegen, einen Theil der darin enthaltenen Keime von neuem entwickeln.

Ich schneide gleichfalls von der Meerlinsenwurzel den Stamm eines unserer Thierchen ab, oder ich reisse einen Ast vom Stamme desselben los. Im ersten Falle stirbt das Bäumchen eben so wenig, als der Ast im zweyten; vielmehr finden in beyden Fällen, wie vorher, die Theilung der Glocken und die Vervielfältigung und Verlängerung der Aeste Statt. Lasse ich hingegen den Stamm ohne Zweige, oder einen Ast ohne Glocken, so pflegen sie kein Zeichen von Leben weiter von sich zu geben.

Ich habe es schon Anfangs gesagt: unser Pflanzenthier ist eigentlich nichts als eine Gruppe von Thierchen, die unter sich vermittelst ihrer Stiele kommuniciren, deren Vereinigung die Neben- und Hauptäste und den gemeinschaftlichen Stamm ausmacht. Iedes Thierchen erhält seine besondere Nahrung durch das einzige Organ, das der animalischen Natur des Thierchens zuFolge hierzu bestimmt ist, und setzt sie sodann in die Säckchen oder Bläschen ab, welche die Stelle des Magens vertreten; daselbst erleidet die Speise vermöge der Wirkung derselben die nöthigen Verän-

D derun-

derungen, wird gehörig ausgearbeitet, und nährt fodann den Körper und den Stiel des Thierchens. Da aber aus der Vereinigung der Stiele die Aefte, fo wie aus der Vereinigung der Aefte der Stamm, entfpringen, fo geht die Nahrung von dem jedem Thierchen eigenthümlichen Theile, dem Stiele, in den vielen Thierchen gemeinfchaftlichen Theil, den Aft, und zuletzt von den Aeften in den allen gemeinfchaftlichen Theil, den Stamm, über. Da man nun bey unfern Thierchen in Rückficht der Ernährung eine Oekonomie gewahr wird, die von derjenigen, welche bey den eigentlichen Bäumen Statt findet, ganz abweicht, die derjenigen ganz unähnlich ift, vermöge welcher die Pflanzen fich ernähren, fo follte man wohl berechtigt feyn, daraus den Schlufs zu ziehen, dafs auch ihre Organifation von der Organifation der Pflanzen ganz verfchieden ift, und dafs fie folglich zum Pflanzenreiche durchaus nicht gerechnet werden können.

Bey dem allen könnte doch wohl diefer Schlufs noch ein wenig voreilig feyn. Wer verfichert mir, dafs, während diefe Pflanzenthiere fich nach Art anderer Thiere nähren, fie nicht auch nach Art der Pflanzen einige Nahrung einziehen? Wäre es nicht mög-

möglich, daß, während die Glöckchen durch die Speife, welche fie einziehen, fich und die gemeinfchaftliche Pflanze ernähren, diefe auch vom Boden, wo fie feft fteht, etwas Nahrung überkommt? Man wird mir einwenden, wenn die Pflanze, nachdem die Aefte ihrer Glöckchen beraubt worden, gleichfam nicht weiter vegetire, fo fey diefs ja offenbar ein Zeichen, daß ihr die Nahrung fehle, und daß fie folglich von der Meerlinfenwurzel keine erhalte. Allein diefs kann höchftens beweifen, daß die Nahrung, welche fie von der Wurzel überkommt, (im Fall fie wirklich fo genährt wird) nicht hinreicht, fie munter und lebhaft zu erhalten, aber nicht, daß die Wurzel zu ihrer Ernährung ganz und gar nichts beyträgt. Ueberdiefs ift es ja unmöglich, daß in ihr, wenn fie ihre Glöckchen verloren hat, weiter eine Entwickelung vor fich geht, da blos in den Glöckchen, aber nicht in dem Stamme oder den Aeften, die Keime verborgen liegen, wie aus der Art der Bildung des Bäumchens deutlich erhellt.

Um, wo möglich, diefen Zweifel zu heben, habe ich nicht unterlaffen, einige Verfuche anzuftellen.

Ich habe zu einer und derfelben Zeit in

verschiedene Uhrgläser verschiedene Bäumchen gethan, einige mit der ganzen Meerlinsenwurzel, andere blos mit dem Stückchen der Wurzel, auf welchem sie fest standen, und noch andere ohne die Meerlinsenwurzel, von welcher ich sie am Ende ihres Stammes abgeschnitten hatte. Ich dachte, wenn die Meerlinsenwurzel dem Pflänzchen wirklich etwas Nahrung gäbe, so müsten die Bäumchen, deren Wurzel noch ganz war, mehr, als die andern, gedeihen; diejenigen, die sich blos auf einem Stückchen der Wurzel befanden, müsten nicht so gut, als die ersten, fortkommen, weil sie aus der Wurzel weniger Nahrung anzuziehen im Stande wären; endlich diejenigen, welche von der Wurzel ganz abgesondert waren, müsten in Rücksicht des Gedeihens allen andern nachstehen. Ich habe diesen Versuch mehr als einmal wiederholt. Allein die Resultate, die ich erhielt, waren so verschieden und einander widersprechend, dass ich daraus nichts schliessen konnte. Auch war es eben nicht sehr schwer, diefs voraus zu sehen. Der gröfsere oder geringere Ueberflufs an Nahrung in den verschiedenen Uhrgläfern, die gröfsere oder geringere Anzahl der Thierchen, die davon leben wollten, das verschiedene Alter der Bäumchen, die gröfsere oder geringere Lebhafhaftigkeit der Pflanze, je nachdem ihre individuelle Konftitution befchaffen war, alle diefe Umftände muften nothwendig die Refultate der Verfuche fo verfchieden und mannichfaltig, als ich fie wirklich beobachtet habe, machen.

Von der Unzweckmäfsigkeit diefes erften Verfuchs überzeugt, ging ich zu einem andern über.

Ich hatte gefehen, dafs viele Glöckchen, die von den Bäumchen los gegangen waren, nachdem fie fich lange Zeit herumgetrieben hatten, zuweilen am Boden des Glafes ftehen blieben, und dafelbft ein neues Bäumchen hervorbrachten. Diefs veranlafste mich, Acht zu geben, wie die am Glafe feft ftehenden Bäumchen, mit den an den Meerlinfenwurzeln feft hängenden verglichen, wohl fortkommen möchten. Ich fuchte mir daher Bäumchen zu verfchaffen, welche auf den Wänden des Glafes feft ftanden. In diefer Abficht warf ich, wenn eine Glocke von einem Bäumchen los gegangen war, die Meerlinfenwurzel, auf welcher fich das Bäumchen befand, weg, und liefs das Glöckchen allein im Glafe, das, wenn es einige Zeit lang im Wafler herum gefchwommen war, an der Wand

Wand des Glases hängen blieb. Zu gleicher Zeit hielt ich in besondern Gläsern Bäumchen auf Meerlinsenwurzeln. So konnte ich auf einmal Bäumchen auf Meerlinsenwurzeln und an den Wänden des Glases beobachten. Allen diesen Geschöpfen gab ich einerley Wasser; bey allen verwechselte ich zu einer und derselben Zeit das alte Wasser mit frischem; allen gab ich, so viel als möglich, gleich viel Wasser; kurz, ich suchte die Umstände auf beyden Theilen vollkommen gleich zu machen. Das Resultat war folgendes. Unter einer grossen Menge von Bäumchen, die sich an den Wänden der Gläser erzeugt hatten, hat auch nicht ein einziges so fortkommen wollen, wie die meisten von denen fortkamen, welche auf Meerlinsenwurzeln standen, und von mir zu gleicher Zeit ernährt wurden.

Diess scheint zu beweisen, dass das Pflänzchen auch aus der Wurzel Nahrung an sich zieht. Indessen gestehe ich, dass ich davon bey weitem noch nicht überzeugt bin. Ich habe noch nicht genug Thatsachen sammeln können, die alle dasselbe darzuthun im Stande wären. Ich habe die Versuche noch nicht genug abgeändert, um entdecken zu können, ob das Phänomen wirklich von der

der Urſache, von welcher es herzurühren
ſcheint, oder von einer andern bis jetzt ver-
borgenen abhängt, die eben durch die Vervielfältigung der Verſuche vielleicht entdeckt
werden könnte. Wäre es zum Beyſpiel nicht
möglich, daſs die Körperchen, womit ſich
die Thierchen nähren, ihrer gröſsern Schwere
zu Folge im Waſſer allmählich zu Boden
ſinken? Was würde aber hieraus folgen?
Die Bäumchen auf den Meerlinſenwurzeln
haben im Glaſe meiſtentheils eine horizon-
tale Richtung. In dieſer Lage müſſen viele
ihrer Aeſte, beſonders wenn ſie ſich verlängert haben, den Boden des Glaſes berühren. Wenn nun die Glöckchen dieſer Aeſte daſelbſt Strudel erregen, ſo müſsten ſie
natürlich ſehr viel Nahrung einziehen können. Noch mehr: indem ſie ſich zuſam-
menziehen, und dem Stamme nähern, kehren ſie gleichſam den Boden des Glaſes aus,
wodurch die Körperchen wieder in Bewegung gerathen, und in die Höhe getrieben
werden würden, wo die andern Glöckchen
liegen, die auf dieſe Weiſe gleichfalls reichlich genährt werden müſsten. Die auf dem
Boden des Glaſes feſt ſtehenden Bäumchen
hingegen würden, da ſie ſich in einer ſenk-
rechten Richtung befinden, folglich ihre
Aeſte in den höhern Waſſerſchichten haben,

an Nahrung grofsen Mangel leiden. Und
da fie, indem fie fich zufammenziehen, den
Boden des Glafes zu kehren nicht im Stande find, fo würden fie nicht einmal die Körperchen vom Boden in die höhern Waller-
fchichten, wo fie ihre Glöckchen haben,
treiben können. — Vielleicht fetzt auch die
Meerlinfenwurzel, indem fie in Fäulnifs
übergeht, in das Waller eine grofse Menge
von Körperchen ab, welche die Thierchen
zu nähren gefchickt find. In diefem Falle
würden die Bäumchen in den Gläfern, wo
Meerlinfenwurzeln find, reichlichere Nahrung finden, als in denen, wo dergleichen
Wurzeln fehlen; folglich würden die Bäumchen, die ich auf Meerlinfenwurzeln zog,
weit beller, als die am blofsen Glafe hängenden, haben gedeihen können, wenn
auch keine Nahrung aus der Wurzel in das
Pflänzchen durch den Stamm aufgeftiegen
wäre. —

Ich geftehe es, als ich jene Verfuche an-
ftellte, habe ich mein Augenmerk auf diefe
zwey Umftände nicht gerichtet. Wenn ich
fie wiederholen werde, will ich die Meerlinfenwurzeln mit Wachs ankleben, fo dafs
die darauf ftehenden Bäumchen ihre Aefte in
die Höhe halten müffen. Eben fo gedenke
ich

ich alsdann der Fäulniſs nahe Meerlinſenwurzeln auch in die Gläſer zu thun, wo Bäumchen an den bloſsen Wänden derſelben feſt hängen. Auf dieſe Weiſe wird ſich entſcheiden laſſen, ob die gedachten zwey Umſtände auf das Gedeihen der Bäumchen einen Einfluſs äuſsern können.

3.

Oftmals fand ich, wenn ich meine gewöhnlichen Bäumchen ſuchte, auf denſelben Meerlinſenwurzeln eine Art von Strauſspolypen *), die gleichfalls zu der Klaſſe der baumförmigen Thierchen gerechnet werden können, weil auch ſie einen Stamm beſitzen, aus welchem mehrere Aeſte entſpringen, die ſich in kleinere Aeſte theilen **). Ich will ſie hier kürzlich um ſo lieber beſchreiben, da ſie mir von TREMBLEY's Strauſspolypen, von welchen SPALLANZANI ſpricht, wo er zwiſchen denſelben und ſeinen baumförmigen Thierchen eine Vergleichung anſtellt, etwas verſchieden zu ſeyn ſcheinen. Ich folgere dieſs aus drey Verſchiedenheiten, die ich zwiſchen SPALLANZANI's Strauſspolypen

---

*) Polipi a mazzetto, a fiocco. Alberetti a fiocco.

**) Fig. III.

pen und den von mir beobachteten bemerke. Erstens besitzen jene an ihren Glocken keine Spitzchen; die Glöckchen der meinigen hingegen sind damit versehen. Zweytens können sich die Glocken jener nicht so zusammenziehen und ausdehnen, wie die Glocken der meinigen. Endlich werden die Aeste jener zwar nicht willkührlich, aber doch wenn das Wasser bewegt wird, eingezogen und ausgedehnt; die Aeste dieser hingegen bleiben immer ganz unbeweglich.

Aus dem Stamme dieser dritten Art von baumförmigen Thierchen entspringen an einer und derselben Stelle einige Aeste, die unter einander fast gar nicht divergiren. Etwas weiter oben theilen sich diese Aeste in andere kleinere Aeste, die unter einander gleichfalls sehr wenig divergiren. Alle Hauptäste, so wie auch alle kleinere Nebenzweige, sind fast von gleicher Länge, und unter einander ähnlich. Daher kommt es, dafs die Glöckchen, die sich blos am Ende der Aeste befinden, alle vom Stamme fast gleich weit abstehen, und wegen der geringen Divergenz der Aeste sehr nahe an einander sind. Mitten aus diesem Haufen von Glöckchen, in welchen sich der Straufs zu endigen pflegt, erhebt sich zuweilen, wiewohl sehr selten,
eine

eine zweyte Reihe von Stielen, die sich in
eine zweyte Reihe von Glöckchen endigen,
so daſs über dem einen Strauſse ein anderes
kleines Sträuſschen steht.

Stamm, Aeste und Stiele sind weiſs,
nicht gewunden, wie bey den Bäumchen der
ersten Art, und, wie schon erinnert worden,
ohne alle Bewegung. Der hintere Theil
der Glocken ist gleichfalls weiſs; der vordere, der Länge nach zwey Drittel jeder
Glocke, mit gebrochenen Lichtstrahlen betrachtet, gelblich. Die Glocken können
sich zusammen ziehen, und hierauf wieder
ausdehnen. Indem sie sich zusammen ziehen, verschlieſsen sie die Mündung völlig,
verkürzen sich fast um die Hälfte, und werden zugleich etwas dicker *). Sie verkürzen sich in einem Augenblick, verlängern
sich aber erst nach und nach wieder. Zuweilen verkürzen sie sich von neuem, ehe sie
sich völlig wieder ausgedehnt haben, und
wiederholen daſselbe Spiel mehrere Mahl hinter einander. Diese Verkürzung erfolgt
von freyen Stücken, geschieht aber auch
dann, wenn man das Waſser ein wenig bewegt.

*) Fig. III. (1.)

wegt. Sie öffnen ihre Mündung wieder, wenn fie fich faft ganz wieder ausgedehnt haben, und in demfelben Augenblicke werden ihre Spitzchen fichtbar, die fich bey einigen Glocken auch dann zeigen, wenn die Mündung offen ift. Alsdann bewegt fie das Thier entweder, oder zieht fie zurück, oder hält fie unbeweglich und meiftentheils unter einander konvergirend. Es hat mir gefchienen, dafs fie von der innern Seite der Mündung herauskommen. — Das Ende der Mündung ift mit einem etwas dicken Rande eingefafst.

Wenn die Thierchen fich theilen wollen, fo verlaffen fie die glockenförmige Geftalt, werden rundlich, und erregen keine Wirbel mehr. Ihre Theilung gefchieht zwar der Länge nach, aber doch nicht fo, dafs die Theile vollkommen gleich werden. Auch verlieren fie die Glockenform, und nehmen die Geftalt einer Zwiebel an, ehe fie fich von ihren Stielen abfondern. Da hier ganz diefelben Erfcheinungen Statt finden, welche man bey den Glöckchen der baumförmigen Thierchen der erften Art bemerkt, fo verweife ich auf dasjenige, was ich bereits erinnert habe, als ich von der Art und Weife

Weife fprach, wie fich jene Bäumchen fortpflanzen. *)

Die gewöhnliche Höhe der Straufspolypen beträgt ungefähr eine Linie. Ihre Glöckchen kommen der Länge nach mit den Glöckchen der Bäumchen der erften Art ziemlich überein; allein ihre Breite ift um vieles kleiner.

4.

Eine andere Art von Straufspolypen pflegt fich an verfchiedenen Gattungen von Thierchen, die fich in den Gräben finden, aufzuhalten. Ich habe dergleichen oben auf dem Kopfe, auf den äftigen Armen einiger diefer Thiergattungen, auf dem Rücken, um die Beine, auf der Schaale gewiffer fehr kleiner Schnecken des füfsen Waffers gefunden. Immer hingen fie mit Thieren zufammen.

Ihre Glöckchen find perlfarbig, und am Rande gleichfalls mit Spitzchen verfehen. Sie erregen Wirbel. Sie ziehen fich, wie die Glöckchen der vorhergehenden Art, zufammen;

---

*) Auch diefe Gefchöpfe werden mit denfelben Linfen betrachtet, deren ich fchon oben gedacht habe.

men, und haben eben so, wie jene, unbiegsame Stiele. Diese Stiele sind sehr kurz, und da, wo sie mit dem Thiere zusammen hängen, unter einander verbunden.

Diese Geschöpfe sind weit kleiner, als die vorigen. Sie müssen nicht mit einer andern Art von Glöckchen verwechselt werden, deren weiter unten *) gedacht werden wird.

5.

Noch glaube ich hier eines andern Geschöpfes kürzlich erwähnen zu müssen, das mir gleichfalls eine Polypenart zu seyn scheint **). Ob dem wirklich so ist, wage ich nicht zu bestimmen, denn ich habe noch nicht auf eine überzeugende Weise entdecken können, ob diese Geschöpfe zum Thierreiche wirklich gezählt werden müssen. Sind es Thiere, so gibt es gewiss auf der Welt keine unempfindlichere Thierart. Man bemerkt bey ihnen keine Zusammenziehung und Ausdehnung; die Stiele und die Glocken sind unbeweglich; man sieht keine Spitzchen, keine Bewegung der Lippen, keine Wirbel.

Als

*) S. 9.
**) Fig. IV.

Als ich einft einige, die los gegangen waren, beobachtete, bemerkte ich bey ihnen Bewegungen, die mir willkührlich zu feyn fchienen. Sie dreheten fich herum, begaben fich vorwärts, kehrten dann wieder zurück, allein immer auf eine fehr träge Art, während dafs das Waffer und die darin enthaltenen Körperchen vollkommen ruhig waren. Diefe Bewegungen fcheinen hinreichend zu feyn, uns von der thierifchen Natur diefer Gefchöpfe zu überzeugen; und dennoch zweifle ich noch daran. Vielleicht hatten einige ganz kleine Infufionsthierchen, die darauf lagen, jene Bewegungen verurfacht. Wie oft bemerkt man nicht bey der Unterfuchung eines Aufguffes Körperchen, denen man eine willkührliche Bewegung ohne Bedenken zufchreiben würde, wenn nicht alle Bewegung fogleich aufhörte, fo bald das Thierchen, von dem fie eigentlich herrührt, und das darauf liegt, davon getrennt worden ift, worauf man denn deutlich fieht, dafs fie eigentlich weiter nichts als Stückchen einer verdorbenen Materie find.

Die Glocke diefes Gefchöpfs hat die Geftalt eines länglichen Kegels, und ift röthlichgelb. Der Stiel ift gewöhnlich noch einmal fo lang, als die Glocke, zuweilen

len aber auch viel länger. Oft sieht man nur einen oder zwey Kegel auf Einem Stiele; zuweilen bemerkt man aber auch eine Art von Strauchwerk, das aus einem Stamme und aus zwey oder drey Aeftchen, wovon jedes sich in einen kleinen Kegel endigt, besteht.

Sind diese Geschöpfe wirklich Thiere, so sind sie die kleinsten unter allen von mir beobachteten Glockenthierchen *).

6.

Ich wende mich nun zu einigen andern Glockenarten, die sich von denen, woraus die Bäumchen bestehen, unterscheiden, ob sie ihnen gleich in Rücksicht der Struktur ähnlich sind. Ich gestehe Ihnen aufrichtig, Anfangs habe ich sie mit den Glöckchen der baumförmigen Thierchen, eben wegen der sehr grossen Aehnlichkeit, welche zwischen beyden Gattungen Statt findet, verwechselt. Auch Herr SPALLANZANI hat dergleichen Glocken beobachtet; denn die Glöckchen, welche er das erste Mahl auf den Wurzeln seiner Meerlinse fand, gehören zu einer der

Ar-

*) Ich habe sie mit Linsen von 150 bis 700 beobachtet.

Arten diefer Gefchöpfe, die ich fogleich befchreiben werde. Ich zweifle gar nicht, dafs diefer grofse Naturforfcher von diefen Gefchöpfen die Glocken der Bäumchen, welche er fechs Tage fpäter dafelbft fand, augenblicklich unterfchieden haben wird, ob er gleich dem Lefer davon nichts meldet.

Die Meerlinfenwurzeln pflegen an diefen Glöckchen weit reichhaltiger zu feyn, als an den Glocken der Bäumchen. Um fie zu finden, darf man nur mit einer Lupe nachforfchen, ob es an den Meerlinfenwurzeln gewiffe weifse Punkte gibt, die fich, wenn man das Waffer ein wenig erfchüttert, einander, fo wie der Wurzel, nähern, und hierauf, wenn das Waffer ruhig wird, wieder entfernen und etwas zerftreuen. Auch fie pflegen diejenigen Wurzeln, welche ein wenig zu verderben anfangen, vorzuziehen; indeffen trifft man auch welche auf ganz gefunden Wurzeln an. Gewöhnlich findet man fie gruppenweife, obgleich der Stiel einer jeden Glocke auf der Meerlinfenwurzel einzeln und von den Stielen der andern Glocken abgefondert fteht.

So wie ich bemerkt hatte, dafs die Glocken der Bäumchen, wenn fie irgendwo feft hingen, immer neue Bäumchen erzeugten,

ten, die an den Meerlinſenwurzeln unmittelbar hängenden Glocken hingegen niemals ein Bäumchen hervorzubringen im Stande waren, ſahe ich ein, daſs die Vertheilung der Glöckchen entweder einzeln um die Meerlinſenwurzeln herum, oder in die Form von Bäumchen keinesweges etwas zufälliges ſeyn konnte. Als ich nun, um den Grund dieſer Verſchiedenheit zu entdecken, ihren Theilungen nachſpürte, ward ich bald gewahr, daſs bey den Glocken mit abgeſonderten Stielen, wenn die Jungen ſich völlig entwickelt haben, zwiſchen denſelben und der Mutterglocke weiter kein Zuſammenhang Statt findet, da hingegen bey den Bäumchen die Jungen mit den Alten auf dem gemeinſchaftlichen Aſte bleiben. So wie ein Junges die Glockengeſtalt angenommen hat, verliert es dieſelbe früher oder ſpäter wieder, ſteckt hinten die Fädchen aus, bewegt ſie eine gute Weile auf die oben beſchriebene Art, läſst ſeinen Geſellſchafter auf dem alten Stiele ſtehen, ſetzt ſich anderswohin, und bringt ein neues Geſchöpf hervor. Dieſs iſt die Urſache, warum jede dieſer Glocken einzeln ſteht, und mit den Stielen der andern Glocken nicht zuſammen hängt, die kurze Zeit ausgenommen, welche das eine der beyden Thierchen nach der Theilung braucht, um ſich von dem andern ganz abzuſondern.

Un-

Unter dem wenigen, was ich von diesen Glocken weiſs, ist dieſs dasjenige, wodurch sie sich von den Glocken der Bäumchen am meisten unterscheiden. Uebrigens kommen sie in Rücksicht der Zusammenziehungen der Stiele, der Schlieſsung und der Oeffnung des Mundes, des Sichtbarwerdens und der Bewegung der Spitzen, der Erzeugung der Strudel, mit den Glocken der baumförmigen Thierchen so vollkommen überein, daſs, wenn ich hier diese Dinge beschreiben wollte, ich dasjenige wörtlich wiederhohlen müſste, was ich davon schon oben gesagt habe.

Uebrigens ist vom Stiele dieser Thierchen noch zweyerley zu erinnern. Erstens ist er weit dünner, als bey den Thieren, woraus die Bäumchen bestehen, und daher das Geflechte, das man auch hier bemerkt, weit weniger sichtbar. Zweitens schlägt sich der Stiel bey den Zusammenziehungen nicht auf sich selbst zurück, sondern macht dann sehr viel kleine, insgesammt einander gleiche Krümmungen.

Bis jetzt habe ich vier Arten solcher Glocken mit abgesonderten Stielen entdeckt.

Die Glocken von der ersten Art sind weniger durchſichtig und dicker, als die andern, und mit kleinen Bläschen oder Körnern ganz angefüllt, die mit gebrochnen Strahlen betrachtet ins Dunkle zu fallen ſcheinen. Der Durchmeſſer ihrer Mündung iſt nicht ſehr vom Durchmeſſer der Mündung der Glöckchen verſchieden, welche ſich an den Bäumchen der erſten Art befinden; jedoch bey einigen iſt er etwas gröſser. Ihre Achſe iſt nicht länger als der Durchmeſſer der Mündung. Alſo ſind dieſe Glöckchen verhältniſsmäſsig weit kürzer, als die Glocken der Bäumchen. Sie haben auch das Eigene, daſs ſich ihr Körper nach hinten zu nicht nach und nach, ſondern faſt auf einmal, zuſammenzieht. — Ihr Stiel iſt fünf bis ſechs Mahl länger, als ihr Körper *).

7.

Die Glöckchen von der zweyten Art haben viel weniger Bläschen oder Körnchen. Was die Struktur betrifft, ſo nähern ſie ſich weit mehr, als die vorhergehenden, den Glöckchen der baumförmigen Thierchen der erſten Art; nur ſind ſie etwas kleiner. Bey eini-

---

*) Ich habe ſie mit denſelben Linſen beobachtet, deren ich mich bey den Bäumchen bedient habe.

einigen Wurzeln finde ich welche, die einen vier bis fünf Mahl längern Stiel haben, als ihr Körper ist; bey andern aber solche, deren Stiel viel kürzer ist. Uebrigens sind die Glöckchen einander an Struktur, an Größe und an allen übrigen Eigenschaften so vollkommen ähnlich, dafs ich, die verschiedene Länge des Stiels ausgenommen, nicht den geringsten Unterschied habe auffinden können. Um beide Abänderungen mit einander vergleichen zu können, that ich in ein und dasselbe Glas zwey Meerlinsenwurzeln, wovon eine Glöckchen mit langem Stiele, die andere Glöckchen mit kurzem Stiele hatte; ich brachte beyde so nahe an einander, dafs in den Brennpunkt der Linse Glöckchen von beyden Wurzeln kamen; niemals aber habe ich die einen von den andern anders, als durch die verschiedene Länge ihres Stiels, unterscheiden können. Diefs ist auch die Ursache, warum ich sie, wenigstens für jetzt, nicht als zwey Arten, sondern als eine, betrachte. Jetzt zeige ich nur die Existenz dieser Geschöpfe an; erst ins künftige, wenn man ihre charakteristischen Unterschiede hinlänglich kennen wird, wird man sie mit Genauigkeit zu klassificiren im Stande seyn.

8.

8.

Die dritte Art der Glöckchen mit einzeln ſtehenden Stielen findet ſich auf den Meerlinſenwurzeln viel ſeltener, als die zwey vorhergehenden. Statt daſs jene meiſtentheils in Geſellſchaft beyſammen ſind, findet man dieſe gewöhnlich allein. Ich habe welche in den Uhrgläſern drey bis vier Tage lang beobachtet, ohne jemals eine Theilung gewahr zu werden. Sie ziehen ſich zuſammen, wie die andern, indem ſie ſich der Wurzel nähern. Ich erinnere mich nicht, ob ich Spitzchen an ihrer Mündung geſehen habe, auch finde ich es nicht in dem Tagebuche bemerkt, welches ich über meine Beobachtungen gehalten habe.

Das Glöckchen iſt den Glocken der zweyten Art ſehr ähnlich, nur etwas kleiner. Der Stiel iſt nach Verhältniſs weit länger, denn er übertrifft die Glocke an Länge acht bis zehn Mahl.

9.

Die vierte Art findet ſich auf denſelben Thierchen, auf welchen man auch die kleinen Polypen findet, von denen ich ſchon geſprochen habe. Dieſe Glöckchen ſind jenen Polypen auch ähnlich; allein ſtatt daſs
jene

jene ihre Stiele nicht zuſammen ziehen, und an einem gemeinſchaftlichen Stamme befeſtiget ſind, können dieſe ihre Stiele zuſammen ziehen, und wohnen auf den Thierchen jedes für ſich. Sie haben an der Mündung Spitzchen, und erregen im Waſſer gleichfalls kleine Wirbel. Sie ſind kleiner, als die Glöckchen der dritten Art, und ihr Stiel iſt zwey bis drey Mahl länger, als ihr Körper.

Die Glöckchen mit einzeln ſtehenden Stielen halten ſich nicht ſo leicht, wie die Glocken der Bäumchen. Es hat ganz das Anſehen, als ob ſie ſich in Uhrgläſern nicht wohl befänden. Wenn ſie eine kurze Zeit lang darin geweſen ſind, ſo fangen ſie an, ihre Stiele zu verlaſſen, und herum zu ſchwimmen. Zwar befeſtigen ſie ſich hierauf von neuem, entweder an der Meerlinſenwurzel, oder an den Wänden des Glaſes; indeſſen vervielfältigen ſie ſich doch nicht ſehr. Ihrer Theilungen ungeachtet habe ich doch immer ihre Anzahl deſto kleiner gefunden, je länger ſie in den Gläſern geweſen waren. Auch das faulende Waſſer iſt ihnen ſchädlich. Ich pflegte in ziemlich groſsen Gefäſsen die Meerlinſe, die ich aus Gräben hohlte, aufzuheben.

ben. Weit feltner waren die Wurzeln mit Glöckchen alsdann bevölkert, wenn das Waſſer im Gefäſse einen übeln Geruch von ſich zu geben anfing.

Ob ſich gleich die gedachten Glöckchen ſowohl als die oben beſchriebenen Bäumchen meiſtentheils auf den Meerlinſenwurzeln zeigen, ſo gibt es doch auch welche auf andern in dem Waſſer der Gräben vegetirenden Gewächſen, ſo wie auch auf andern daſelbſt befindlichen Körpern.

10.

Ich gehe nun fort zu den ſchönen Räderthieren mit Futteralen *), die ich zufälliger Weiſe entdeckt habe, als ich die Meerlinſenwurzeln unterſuchte. Vorher hatte ich von dieſen Geſchöpfen noch keine Idee. In SPALLANZANI's kleinen Schriften **) finde ich ein Werck von BAKER angeführt, wo von den Räderthieren weitläuftig gehandelt wird ***). Ich weiſs nicht, ob BAKER auch

---

*) Rotiferi ad aſtuccio.

**) Opuſcoli di fiſica animale e vegetabile.

***) (HEINRICH BAKER Beyträge zu nützlichem und vergnügendem Gebrauch und Verbeſſerung des Microſcopii &c. in zwey Theilen, aus dem Eng-

auch von diesen handelt, da ich aller Bemühungen ungeachtet jenes Werks nicht habe habhaft werden können.

Auf den Meerlinsenwurzeln sieht man zuweilen gewisse Röhrchen senkrecht stehen; sie sind eben das Futteral, worin das Thierchen wohnt. Hat man die Wurzel mit dem Futterale ins Glas gethan, so wagt es das Thierchen nicht sogleich, das Maul *), wenn ich seinen vordern Theil so nennen darf, aus dem Futterale zu stecken. Es bleibt einige Zeit lang ganz im Futterale verborgen. Hierauf nähert es sich allmählich dem Rande desselben, und es kommen daselbst zwey Hörner zum Vorschein, welche vorwärts stehen, wenn das Thierchen die Organe, womit sein vorderer Theil versehen ist, nicht ausstreckt, hingegen etwas rückwärts zu stehen kommen, wenn dieselben entwickelt worden sind. Nun tritt es furchtsam

Englischen ins Deutsche übersetzt. Augsburg, 1754. 8. II. Theil, Kap. 6. S. 348. ff. von dem Radmacher oder radformigen Thiere; Kap. 7. S. 380 ff. von unterschiedlichen Gattungen der Thiere mit Rädern; Kap. 8. S. 384. ff. von Thierlein mit Schaalen und Rädern.)

*) Musu.

fam etwas weiter vorwärts *), und sieht sich an der Oeffnung des Futterals gleichsam um, ob in diesem neuen Lande etwas zu fürchten sey. Es pflegt dann noch einige Zeit zu verfliessen, bevor seine Räder zum Vorschein kommen. Hat es dieselben zum Vorschein gebracht, so zieht es sie sehr schnell zurück, und versteckt sich wieder in das Futteral, wenn das Glas auch noch so wenig erschüttert wird; allein einen Augenblick darauf zeigt es sich wieder, und entwickelt seine Räder mit weniger Furchtsamkeit, als vorher. Ich will nicht sagen, dafs diese Räderthiere insgesammt so viel Vorsicht brauchen; es wird gewifs unter ihnen welche geben, die weniger furchtsam sind; indessen habe ich doch diefs bey den meisten bemerkt.

Die Räder werden von einer gewissen Membran gebildet, welche das Thier nach Willkühr bald auf dieser bald auf jener Seite ausspannt. Wenn diese Membran so weit, als möglich, ausgedehnt worden ist, so endigt sie sich in vier Bogen, so dafs man alsdann auf dem Thiere gleichsam vier Räder, oder eigentlich vier Hälften von Rädern, wel-

---

*) Fig. V.

welche alle mit einander kommuniciren, gewahr wird *).

Der Rand dieſer Membran, der ein wenig dicker, als ſie ſelbſt, zu ſeyn ſcheint, hat zwey Reihen Zähne, die eine diſſeits, die andere jenſeits. Es hängt von der Lage des Rades in Rückſicht auf das Auge ab, ob man ſie beyde, oder nur eine, gewahr wird.

Ein wenig unter dem Rande bemerkt man ein ſchmales Streifchen, das mit demſelben faſt koncentriſch läuft.

So bald ſich dieſe Räder dem Auge darſtellen, ſcheint es, als ob ſie ſich faſt wie die Räder eines Bratenwenders drehen, und man glaubt auch zu ſehen, nach welcher Richtung die Bewegung geſchieht; allein betrachtet man das gedachte Streifchen ſowohl als die ganze Membran genau, ſo wird man daſelbſt nicht die geringſte Bewegung gewahr. Als ich dieſe Unbeweglichkeit der Membranen bemerkte, vermuthete ich, daſs jenes Umdrehen, welches ſich dem Auge beym erſten Blicke darſtellt, wohl eine Täuſchung ſeyn dürfte, welche durch das Zittern gewiſſer Fäſerchen am Rande der Räder verurſacht würde. Dieſe Vermuthung ſchien

---

*) Fig VI.

schien mir um so gegründeter, weil ich mich erinnerte, in SPALLANZANI's Schriften gelesen zu haben, daſs man dieſs bey den Räderthieren der Dachrinnen *) gewahr wird, welche dieser Naturforscher aufmerksam beobachtet, und vortrefflich beschrieben hat. Ich entschloſs mich daher, bey meinen Räderthieren die Zähne ihrer Räder sorgfältig zu untersuchen. Bey dieser Untersuchung bemerkte ich bald, daſs die Gescwindigkeit, womit sie sich bewegen, nicht ganz gleichförmig zu seyn pflegt, sondern von Zeit zu Zeit eine Verzögerung der Bewegung Statt findet. Ich benutzte diese kleinen Zwischenzeiten von langsamer Bewegung, wählte denjenigen Theil des Rades, wo ich die Zähne am deutlichsten sehen konnte, und faſste einen Zahn recht ins Auge, ohne ihn je aus dem Gesicht zu verlieren. Auf diese Weise sahe ich sehr deutlich, daſs der Zahn sich auf dem Rande des Rades fort bewegte, und immer ein anderer Zahn nachfolgte.

Weil mir diese Erscheinung sehr sonderbar vorkam, so untersuchte ich denselben Umstand bey vielen andern Räderthieren dieser

---

*) Rotiferi delle grondaje.

ſer Art, indem ich Linſen von verſchiedener Vergröſserung brauchte, mich eines bald ſtärkern, bald ſchwächern Lichts bediente, und die Räderthiere bald mit gebrochnen, bald mit zurück geworfenen Lichtſtrahlen betrachtete. Immer ſtellte ſich mir dieſelbe Erſcheinung dar. Darf man ſich alſo auf das deutlichſte Zeugniſs des Auges verlaſſen, ſo muſs man ſagen, daſs das Thier ſeine Räder nicht herum dreht, ſondern daſs ſich blos auf dem Rande derſelben die zwey Reihen Zähne fort bewegen.

Inzwiſchen muſs ich geſtehen, daſs es in zwey Fällen das Anſehen hat, als ob eher ein Zittern von Spitzchen, als eine fortſchreitende Bewegung von Zähnen Statt finde. Erſtens, wenn das Thierchen ſeine Räder zu entwickeln anfängt. Zweytens, wenn zwey Räder eine ſolche Lage haben, daſs die Zähne des einen irgendwo über die Zähne des andern zu liegen kommen, und ſich nach der entgegen geſetzten Richtung hin drehen. Was den erſten Fall betrifft, ſo darf man ſich, da die Räder noch nicht hinlänglich entwickelt ſind, nicht wundern, daſs die Zähne noch nicht frey ſpielen können, ſondern gleichſam gehemmt werden; zu geſchweigen, daſs ſie alsdann einander ſo nahe ſind, daſs

das

das Auge sie nicht wohl unterscheiden, folglich auch ihre Bewegung nicht gut erkennen kann. Im zweyten Falle muſs man, da die Zähne des einen Rades sich oben, und die Zähne des andern Rades sich zu gleicher Zeit unten bewegen, und man diese von jenen nicht wohl unterscheiden kann, nothwendig eher ein Zittern, als eine fortschreitende Bewegung derselben gewahr zu werden glauben. Ich sehe also, was mich alsdann täuschen und zum Irrthum verleiten kann. Stellen sich hingegen die Zähne des Rades dem Auge ganz deutlich dar; macht jeder derselben im Auge einen lebhaften Eindruck; macht es die Verzögerung ihrer Bewegung möglich, sie noch genauer zu untersuchen: so sieht man auf das deutlichste, daſs sie sich wirklich fort bewegen, und es läſst sich an der Wahrheit dieser Erscheinung schlechterdings nicht zweifeln. Durch welchen Mechanismus aber wird diese Bewegung hervorgebracht? Wie sind wohl die Zähne an der Peripherie des Rades angebracht, daſs sie so darauf hingleiten können?

Nicht bey allen Räderthieren drehen sich die Zähne der Räder nach derselben Seite: bey einigen bewegen sie sich von der linken Seite nach der rechten, bey einigen andern

von

von der rechten nach der linken. Daſſelbe Räderthier bewegt ſie nicht immer nach einerley Richtung. Wenn die Membran um die Mündung des Thieres die vier Halbräder ordentlich darſtellt, ſo drehen ſich die Zähne aller nach einerley Seite zu; da aber das Thier ſeine Räder nach Willkühr drehen und wenden kann, ſo geſchieht es ſehr oft, daſs die Zähne des einen Rades nach einer Richtung hinlaufen, indeſs die Zähne eines andern ſich nach der entgegengeſetzten Richtung bewegen.

Nicht immer wird man alle vier Räder des Thieres gewahr. Es hängt von ſeiner Stellung und von der Richtung, in welcher es die Räder hält, ab, ob man mehr oder weniger ſieht. Da es ſich aber oft bald auf eine Seite, bald auf eine andere wendet, um ſeine Nahrung zu ſuchen, ſo braucht man nur, wenn man ſie alle ſehen will, das Auge einige Zeit lang auf das Mikroſkop zu halten.

Etwas unterhalb der Räder läſst die Durchſichtigkeit des Thieres ein gewiſſes Organ erblicken, das meines Erachtens beſtimmt iſt, die Speiſen aufzunehmen, und in ihre Behälter fortzuſchaffen. Wenn ſich das Thierchen mit einem Theile ſeines Körpers aus dem Futterale heraus begibt, ohne die Räder zu entwickeln, ſo iſt das gedachte Organ

gan unbeweglich; hingegen oscillirt es in Einem fort, wenn die Räder entwickelt sind. Nicht immer zeigt sich dieses Organ unter einer und derselben Gestalt. Zuweilen zeigen sich gleichsam zwey C, das eine gerade, das andere umgekehrt, die etwas auf- und niedersteigen, indem sie sich wechselsweise ein wenig nähern, und von einander entfernen. Andre Mahle wird man einen kugelähnlichen Körper gewahr, der im Thierchen ein wenig auf- und niedersteigt. Noch andre Mahle endlich bemerkt man gleichsam zwey Eier, die quer durch den Körper unsers Thieres gegen einander liegen, in der Mitte des Körpers, wo sie sich berühren, etwas niedriger sind, und an den entgegen gesetzten Enden sich erheben. Diese Mannigfaltigkeit der Gestalt im gedachten Organe hängt, wenn ich mich nicht irre, von den verschiedenen Lagen ab, in welchen sich das Thier unter den Augen des Beobachters findet. Ueberdiess muss das Räderthier etwas vorwärts treten, wenn die Wand des Futterals die Oscillation dieses Organs nicht verbergen soll. Ein ähnliches Organ, wiewohl von etwas verschiedener Gestalt, habe ich auch bey allen andern Arten der Räderthiere gesehen, welche ich zu beobachten Gelegenheit gehabt habe.

Die

Die Körperchen, womit sich das Thierchen nährt, werden in den Mund deſſelben durch den Strudel geführt, welchen es im Waſſer mit den Zähnen ſeiner Räder erregt. Der gröſste Theil dieſer Körperchen bewegt ſich nach innen zu durch den Raum, der ſich zwiſchen dem Rande und dem obgedachten Streifchen findet. Es ſcheint dabey befremdend zu ſeyn, daſs, indem dieſe Körperchen bey einem Rade mit den Zähnen einerley Richtung haben, dieſelben beym nächſten Rade in den Mund des Thieres nach einer Richtung getrieben werden, welche derjenigen, nach der ſich die Zähne bewegen, entgegengeſetzt iſt. Während daſs das Thierchen die Körperchen, welche daſſelbe nähren können, aufnimmt, ſtöſst es diejenigen, die ihm nicht bekommen würden, mit Gewalt von ſich.

Um dieſs alles gehörig zu erkennen, muſs man nicht nur den rechten Grad des Lichtes treffen, ſondern auch Waſſer nehmen, das an den Körperchen, womit ſich dieſe Geſchöpfe nähren, einen Ueberfluſs beſitzt, und, ohne zu ermüden, alles dasjenige beobachten können, was ſich zuträgt, während daſs das Räderthier die Zähne jener wunderbaren Räder ſpielen läſst.

Auch dieſes Räderthier ſcheint, ſo wie

F die

die andern Räderthiere, aus einer gallertartigen, fehr mannigfaltiger Biegungen fähigen Materie zu beftehen.

Das Futteral befteht aus Kügelchen, die fehr regelmäfsig zufammen gefügt find. Jedes Kügelchen ift gleichfam der Mittelpunkt von fechs andern gleich grofsen Kügelchen. Da das Futteral undurchfichtig ift, fo mufs man es, um feine Zufammenfetzung recht gewahr zu werden, mit zurückgeworfenen Lichtftrahlen betrachten; inzwifchen kann man am Rande die Kügelchen auch mit gebrochenem Lichte erkennen. Es ift nicht vollkommen cylindrifch; vielmehr erweitern fich feine Wände unmerklich nach oben zu.

Nicht alle Futterale enthalten ihr Thierchen. Wahrfcheinlich kommt es darin um, denn niemals habe ich bemerken können, dafs eines von den Thierchen, die ich in meinen Uhrgläfern hielt, das Futteral verlaffen hätte. Um zu fehen, ob das Thierchen fein Futteral nach Willkühr verlaffen könnte, fuchte ich es dazu mehr als einmahl zu nöthigen, indem ich das Glas neigte, fo dafs das Waffer ablaufen, und das Futteral trocken bleiben mufste. Ich hoffte, dafs das Räderthier dem Waffer zu folgen fuchen, folglich aus feiner Hülle, wenn diefs anders möglich wäre, ganz zum Vorfchein kommen würde.

würde. Allein so bald sich das Thierchen im Trocknen fühlte, verließ es sein Futteral nicht nur nicht, um dem Wasser zu folgen, sondern kroch vielmehr wieder hinein, und kam gar nicht mehr zum Vorschein.

Noch wollte ich gern wissen, ob auch dieses Räderthier die höchst bewundernswürdige Eigenschaft, wieder aufzuleben, besäße, welche man bey denen bemerkt hat, die sich im Sande der Dachziegel aufhalten. Ich ließ in dieser Absicht den Wassertropfen, wo das Futteral war, abdunsten. Einige Stunden hernach goß ich wieder Wasser darauf, konnte es aber nicht dahin bringen, daß das Thierchen den Mund wieder heraus gesteckt hätte. Weil ich wußte, daß auch die Räderthiere der Dachziegel nicht wieder aufleben, wenn sie sich beym Verdünsten des Wassers nicht unter Sandkörnchen befinden, so wiederholte ich mehr als einmal den Versuch mit meinen Räderthieren, indem ich, ehe ich noch das Wasser abdunsten ließ, Sand vom Dache in die Gläser, worin die Thiere waren, that; allein diese Vorsicht war ohne allen Nutzen. Ich glaube daher, daß die Räderthiere von dieser Art nicht wieder belebt werden können, wenn sie ihr Leben einmal verloren haben.

Als ich einst eines dieser Räderthiere beobachten wollte, fahe ich daffelbe zu meinem Erftaunen nicht vier, fondern nur zwey Räder, oder vielmehr ein einziges, etwas längliches, in der Mitte fehr niedergedrücktes Rad, deffen Umfang nach dem Mittelpunkte des Mundes zu etwas gekrümmt war, zum Vorfchein bringen. Die Zähne deffelben waren nicht fo häufig, und etwas dicker, folglich auch merklicher, als diejenigen, womit die vier Räder der andern verfehen find. Ich hielt diefs Gefchöpf damals für ein Monftrum feiner Art. Sie haben mich aus diefem Irrthum gezogen, als ich das Vergnügen hatte, mich bey Ihnen zu befinden. Das diefem Gefchöpfe, von dem ich jetzt rede, vollkommen ähnliche Räderthier, welches wir zufammen damals beobachteten, und Ihre Verficherung, dafs die andern von Ihnen beobachteten Räderthiere völlig eben fo befchaffen find, überzeugen mich, dafs die Räderthiere mit Futteralen, welche ich bis jetzt gefehen habe, zwey verfchiedene Familien ausmachen.

Die Art und Weife, wie fie ihr Gefchlecht fortpflanzen, ift mir ganz unbekannt. In neuern Zeiten haben BAKER, SPALLANZANI, ROFFREDI entdeckt, dafs die Räderthiere der Dachrinnen Eier legen, und nicht, wie LEEUWENHOEK glaubte, lebendige Junge

Junge gebären *); es scheint daher daſſelbe der Analogie zu Folge von unſern Räderthieren mit Futteralen zu gelten. Allein wir wiſſen ſchon, wie wenig den Folgerungen, die aus der Analogie der Dinge gezogen werden, zu trauen iſt. Nur das Studium der Natur kann uns nach und nach in den Stand ſetzen, ihre Geheimniſſe, ſo viel als möglich, zu enthüllen. Ich verſchiebe daher mein Urtheil hierüber, bis ich Gelegenheit haben werde, durch Thatſachen zuverläſsige Kenntniſſe davon einzuſammeln. Indeſſen geſtehe ich, daſs ich in den Uhrgläſern, wo meine Räderthiere mit Futteralen waren, niemals eines von jenen eiförmigen Körperchen habe bemerken können, welche die von den gedachten drey Naturforſchern beobachteten Räderthiere der Dachziegel von ſich gegeben haben.

So weiſs ich auch nicht, ob dieſe Thierchen ihr Haus ſich ſelbſt zubereiten, wie ſich einige Arten der Motten **) ihre Hüllen ſelbſt verfertigen, oder ob es ein Werk der Na-

---

*) (Für Leeuwenhoek's Meinung ſehe man Goezens Beobachtung von dem langgeſchwänzten Räderthiere, in K. Bonnets. wie auch einiger andern berühmten Naturforſcher, auserleſenen Abhandlungen aus der Inſektologie, S. 5:3. ff.)

**) Tignuola.

Natur selbst ist, das mit dem Thierchen, welches sich darin aufhält, Ein Ganzes ausmacht. Ist jenes der Fall, warum hat es mir nie glücken wollen, auf so vielen Meerlinsenwurzeln, die ich in dieser Absicht mit der gröfsten Sorgfalt untersucht habe, ein Thierchen in dem Augenblicke, da es sich seine Zelle verfertigte, zu beobachten? Und warum haben diejenigen, deren Futterale ich das Wasser durch Neigung des Glases entzog, lieber darin umkommen, als dasselbe verlassen wollen, um in einem Elemente, das zu ihrer Existenz so nöthig ist, fortzuleben? Macht hingegen das Futteral einen Theil ihres Körpers aus, wie zum Beyspiel die Schneckenschaale ein Theil von der Schnecke ist, wie ist es dann möglich, da diese Thierchen immer an einer und derselben Stelle der Meerlinsenwurzel bleiben müssen, dafs ihre Jungen auf andern Wurzeln gefunden werden, wo die Mutter das Ei oder das Junge unmöglich hat hinlegen können?

Die gewöhnliche Länge dieser Futterale beträgt ungefähr $\frac{7}{18}$ Linie, und der Durchmesser der Mündung $\frac{1}{18}$ oder ein wenig darüber *).

11.

*) Man kann die Räderthiere mit Linsen von 110 bis 300 recht gut beobachten.

11.

Eine andere Art von Futteralen, die zwar kleiner, als die vorhergehenden, sind, aber doch denselben einiger Mafsen gleichen, habe ich auch auf den Meerlinsenwurzeln gefunden. Anfangs glaubte ich, dafs sie denselben Räderthieren angehörten, und der ganze Unterschied darin bestände, dafs die Thierchen, welche sie bewohnten, noch nicht sehr gewachsen wären; allein als bald darauf das Thierchen mit einem Theile seines Körpers zum Vorschein kam, ward ich meinen Irrthum gewahr. Es ist diefs eine ganz andere Art von Thierchen mit Futteralen, die mit den Räderthieren nichts zu thun haben. Ihr Futteral erreicht kaum ein Drittel der Länge des Futterals der Räderthiere, und ist auch drey bis vier Mahl enger. Es ist nicht, wie das Futteral der Räderthiere, ein Aggregat zusammen gesetzter Kügelchen, sondern ganz glatt und einförmig. Die durchsichtigen Wände lassen den Bewohner sehen, der, wenn er hinein kriecht, wie geschieht, so oft das Wasser ein wenig bewegt wird, nur die hintere Hälfte des Futterals einnimmt. Wenn das Thier einen Theil seines Körpers heraussteckt, so wird der Körper je länger, je dünner; indessen bewegt es eine Krone von Fädchen, und indem es

F 4   sich

sich immer mehr verlängert, wird zuletzt das Ende ein wenig breiter, und mit einem sehr weit hervorragenden Rand umgeben *). Dann befinden sich die Fädchen um den Rand herum einzeln und zerstreut, und sind deshalb weit weniger sichtbar, als da das Thier sie zu bewegen angefangen hatte.

Dieses Thierchen lebt nicht so einsam, wie das Räderthier. Ich habe manchmal zwey dergleichen Thierchen in einem und demselben Futterale gesehen, was ich bey den Räderthieren nie habe bemerken können. Wenn in diesem Falle die zwey Einsiedler aus ihrer gemeinschaftlichen Zelle ein wenig heraustreten wollen, so verlängert sich das eine Thier etwas eher, als das andere, und immer pflegt, wenigstens so viel ich habe bemerken können, ein und dasselbe Thier voran zu gehen. Das Thierchen, das zuerst aus dem Futterale zum Vorschein kommt, tritt auch etwas weiter heraus, als das andere: das eine steckt seinen Körper ungefähr um die Hälfte, das andere aber nur um ein Drittel heraus. Man sollte fast denken, daß das erste eine Art von Oberherrschaft über das zweyte ausübt, und daß das letztere nicht wagt, sich eher, als das erstere, zu bewegen, oder eben so weit heraus zu treten.

*) Fig. VII.

ten. Indeſſen ſind erſt weit mehr Beobachtungen anzuſtellen, bevor man als eine charakteriſtiſche Eigenſchaft dieſer Thiere anzuſehen berechtigt iſt, was bey den wenigen Thieren, die ich beobachtet habe, ein bloſſer Zufall hat ſeyn können.

Auch dieſe Thierchen machen im Waſſer Strudel, um die Körperchen, wovon ſie ſich nähren, anzuziehen *).

12.

Auf denſelben Meerlinſenwurzeln gibt es noch eine andre Art von Futteralen, die von Thierchen bewohnt werden. Dieſes Futteral iſt noch kleiner, als dasjenige, in welchem ſich die ſo eben beſchriebenen Thierchen befinden. Es hängt an der Wurzel vermittelſt eines Stieles feſt, in welchen ſich ſein hinterer Theil zu endigen pflegt **). Es hat faſt die Form eines etwas langen Gefäſſes; an den Wurzeln des Stiels wird das Futteral nach oben zu weiter, und bildet gleichſam den Bauch des Gefäſſes; hierauf wird es enger, und ſtellt den Hals deſſelben dar.

Einige dieſer Geſchöpfe hängen an der Meerlinſenwurzel nicht mit dieſem Stiele, der

---

*) Dieſe und die folgenden Thierchen habe ich mit Linſengläſern von 150 bis 700 beobachtet.
**) Fig. VIII.

der ihnen fehlt, sondern unmittelbar mit dem hintern Theile des Gefäſses feſt.

Zuweilen ſteckt das Thier durch die Mündung ſeines Futterals einen Theil des Körpers heraus, faſt eben ſo wie diejenigen, von denen ich kurz vorher geſprochen habe. Andre Mahle bleibt es ganz im Futterale ſtecken, und bewegt nur ſeine Spitzchen.

Dieſs iſt alles, was ich Ihnen über dieſe dritte Art von Thierchen mit Futteralen ſagen kann, wenn anders zu einer und eben derſelben Art Thiere gezählt werden können, deren einige einen Stiel, andere keinen haben, einige aus dem Gehäuſe etwas hervor treten, andere nur ihre Spitzchen heraus ſtecken. Es wäre noch zu unterſuchen, ob diejenigen, welchen der Stiel fehlt, denſelben noch entwickeln, wie die Glöckchen thun, von denen ich ſchon geſprochen habe; und ob diejenigen, welche ihre Spitzchen herausſtecken, jemals auch mit dem vordern Theile ihres Körpers zum Vorſchein kommen; Unterſuchungen, die ich anzuſtellen noch nicht Muſse gehabt habe.

Dieſe und die vorhergehenden Futterale hängen zuweilen auch mit den Wänden der Futterale der Räderthiere zuſammen.

13.

Statt daſs die angeführten Arten der Thier-

Thierchen ihr ganzes Leben hindurch mit einer Meerlinfenwurzel feft zufammen hängen, gibt es eine andere Art, welche fich davon nach Willkühr los machen kann. Das Aeuffere diefes Thierchens befteht aus einem länglichen Gehäufe, deffen Durchmeffer von der Mitte nach beyden Enden zu abnimmt, welche einander an Geftalt und Dicke gleich find. Diefe Enden find durchlöchert *). Niemals habe ich einen Theil des Thieres durch diefelben zum Vorfchein kommen fehen. Obgleich das Gehäufe halb durchfichtig ift, fo habe ich doch niemals das Thier, welches daffelbe bewohnt, gewahr werden können. Man bemerkt darauf weiter nichts, als gewiffe der Länge nach laufende Spuren. Seine Farbe ift röthlich gelb.

Das Thierchen hängt meiftens mit einem feiner Enden an der Meerlinfenwurzel feft, und zwar gewöhnlich in einer auf die Wurzel fenkrechten Richtung. In diefer Lage ift es fo unbeweglich, dafs man es nicht für ein lebendiges Wefen halten follte. Es bleibt in derfelb n ganze Stunden, ja ganze Tage. Endlich geht es los, und fteigt in der Flüffigkeit fehr langfam auf und nieder, meiftens ohne fich von der Wurzel, mit welcher es zufammen hing, weit zu entfernen. Die

an-

*) Fig. IX.

andern Thiere (nicht einmal die Infusionsthierchen ausgenommen, bey denen der vordere Theil den hintern ähnlich ist, wohin die zahlreichen Arten der eyförmigen gehören) pflegen, wenn sie schwimmen, immer einen und denselben Theil vorwärts zu halten; wenn sie daher zurück kehren wollen, so wenden sie ihren Körper um. Unser Thierchen hingegen bewegt sich vor- und rückwärts, ohne sich umzuwenden; derjenige Theil, welcher, wenn es sich vorwärts bewegt, der vordere ist, wird, wenn es zurück kehrt, der hintere.

Dieses Thierchen ist größer, als die vorhergehenden zwey Arten, aber kleiner, als das Räderthier mit dem Futterale *).

Ich habe Ihnen von den Thierchen, welche sich auf der Meerlinsenwurzel aufzuhalten pflegen, nur eine kleine Anzahl angegeben. Es finden sich daselbst noch sehr viel andere Arten von den sonderbarsten Gestalten. Ich zweifle nicht, Sie werden, wenn Sie diesen Gegenstand Ihrer Aufmerksamkeit würdigen, Gelegenheit genug finden, Ihren Scharfsinn, aber auch Ihre Geduld zu üben.

Nicht

*) Ich habe es mit Linsen von 110 bis 300 beobachtet.

Nicht in allen Gräben, wo man Meerlinfen fieht, finden fich alle Arten der Thierchen, die fich auf diefem Pflänzchen aufzuhalten pflegen. Nur aus einigen habe ich baumförmige Thierchen von der erften Art, und nur aus zweyen welche von der andern Art erhalten. Glöckchen mit abgefonderten Stielen von der erften Art habe ich in allen Gräben gefunden, aus welchen ich viel Meerlinfen habe bekommen können; die Glöckchen von der zweyten Art finden fich in einigen fehr häufig, allein in andern habe ich deren nicht ein einziges angetroffen. Die meiften Gräben haben mir weder Glöckchen von der dritten Art, noch Thiere von den zwey verfchiednen Arten, die ich auf gewiffen Wafferthieren gefunden habe, ob fich diefe gleich darin befanden, gegeben. Räderthiere mit Futteralen habe ich aus fehr wenig Gräben, und nur aus einem einzigen in grofser Menge erhalten. Die Thierchen mit Gehäufen, deren ich zuletzt gedacht habe, hat mir ein einziger Graben gegeben. Noch mehr: ich habe diefe Verfchiedenheit nicht nur in verfchiednen Gräben, fondern fogar in einem und eben demfelben Graben zu verfchiedenen Zeiten beobachtet. Wie oft habe ich nicht Thiere von einer der angeführten Arten in denfelben Gräben umfonft gefucht,

wo

wo ich welche, und zwar in nicht geringer Anzahl, zehn oder vierzehn Tage vorher gefunden hatte!

Es ift Zeit, diefen langen Brief zu fchlieſſen. Ich umarme Sie, mein theurer Freund, und bitte Sie, in meinem Namen Ihren gelehrten Bruder zu grüſsen, deſſen Freundſchaft ich, wie die Ihrige, fchätze. Ich verharre u. f. w.

Conegliano, den fechsten November, 1786.

Nachfchrift.

Diefer Brief war fchon geendigt, als ich mich entfchlofs, bey den baumförmigen Thierchen der erften Art die Spitzchen und das Losgehen der Glöckchen von neuem zu beobachten; zwey Gegenftände, worin ich noch nicht aufs Reine gekommen war. Ich kann nicht umhin, des Refultates diefer neuen Beobachtungen hier noch mit ein Paar Worten zu gedenken.

Ich hatte fchon vermuthet, dafs die Spitzchen auch dann vorhanden find, wenn fie vom Auge des Beobachters nicht erkannt werden. Ietzt habe ich das Vergnügen, meine Vermuthung beftätigt zu fehen. Ich bin nun dasjenige gewahr geworden *), was mir

bey

---

*) Mit den Linfen 250 und 300.

bey meiner frühern Unterfuchung entwifcht war. Nach der Zufammenziehung ftecken die Glocken, indem fie die Mündung wieder öffnen, ihre zahlreichen Spitzchen heraus, die fie, als fie die Mündung fchloffen, einwärts gekehrt, und in ihrer Höhlung verfchloffen hatten. Sie drehen fie in diefem Augenblicke von der innern Seite des Randes nach der äufsern zu. Indefs die Spitzchen fich fo drehen, find fie fehr fichtbar. Kommen fie aber nach aufsen hin, fo zerftreuen fie fich, und entziehen fich dadurch dem Geficht. Ich habe daher ihr Sichtbarwerden und Verfchwinden ganz richtig erklärt, als ich es, einer blofsen Muthmafsung zu Folge, von der grofsen Feinheit und Durchfichtigkeit derfelben herleitete; und die Einwendung, die ich mir machte, dafs die Spitzchen, wenn die Mündung gefchloffen ift, alle zufammen vereinigt feyn, folglich am deutlichften in die Augen fallen müfsten, verfchwindet nun ganz, denn wir wiffen nun, dafs die Thierchen diefelben, wenn fie fie beym Verfchliefsen der Mündung einwärts beugen, inwendig in den Lippen verbergen.

Was das Losgehen der Glocken betrifft, fo bemerke ich hier noch einige Umftände, die mir vorher entgangen waren. Bevor das Thierchen die Mündung fchliefst, zeigt fich um um daſſelbe eine dünne Schnur ein wenig über dem Stiele. Dann fängt es an, die Lippen halb zu verſchlieſsen, und die Fädchen um die Schnur herum ſehr langſam zu bewegen. Die Mündung verſchlieſst ſich immer mehr; das Thierchen zieht ſich zuſammen, und es erfolgt, was ich bereits bemerkt habe, als ich vom Losgehen deſſelben handelte. Iſt daſſelbe los gegangen, ſo bewegt es ſich ſehr heftig. Die Bewegung der Fädchen dauert mit ſolcher Schnelligkeit fort, daſs man ſie kaum unterſcheiden kann. Noch hat es die Geſtalt eines Eimers nicht; der Theil, wo ſich die Fädchen befinden, beſitzt nunmehr den gröſsten Umfang, aber iſt noch nicht offen; es bedeckt ihn eine Art von einer etwas konvexen Membran. Was wird hernach aus dieſer Membran? Wie bildet ſich die neue Mündung des Thieres? Dieſe Fragen kann ich jetzt noch nicht beantworten. Um darauf befriedigend zu antworten, müſte man das Thierchen ſo lange beobachten, bis es die Glockengeſtalt wieder annimmt. Darüber verflieſsen aber viel Stunden, und ſo lange hält es das Auge unmöglich aus; zu geſchweigen, daſs das Thierchen, indem es ſich hin und her dreht, ſehr oft das ganze Feld des Mikroſkops durchläuft, und ſich aus dem Geſichte verliert.